教育部人文社会科学研究项目——普通高中学生综合素质评价研究（项目编号：17YJA880019）资助出版

高中生综合素质评价研究

冯成志　史新广　著

苏州大学出版社

图书在版编目(CIP)数据

高中生综合素质评价研究／冯成志，史新广著. --苏州：苏州大学出版社，2023.11
ISBN 978-7-5672-4596-9

Ⅰ.①高… Ⅱ.①冯… ②史… Ⅲ.①素质教育-教育评估-高中 Ⅳ.①G632.47

中国国家版本馆 CIP 数据核字(2023)第 237749 号

书　　名：高中生综合素质评价研究

著　　者：冯成志　史新广
责任编辑：周建兰
装帧设计：吴　钰

出版发行：苏州大学出版社(Soochow University Press)
社　　址：苏州市十梓街 1 号　**邮编**：215006
印　　装：广东虎彩云印刷有限公司
网　　址：www.sudapress.com
邮　　箱：sdcbs@suda.edu.cn
邮购热线：0512-67480030
销售热线：0512-67481020

开　　本：700 mm×1 000 mm　1/16　**印张**：10　**字数**：159 千
版　　次：2023 年 11 月第 1 版
印　　次：2023 年 11 月第 1 次印刷
书　　号：ISBN 978-7-5672-4596-9
定　　价：32.00 元

前言
Preface

党的二十大报告指出："培养德智体美劳全面发展的社会主义建设者和接班人。坚持以人民为中心发展教育，加快建设高质量教育体系，发展素质教育，促进教育公平。"党的二十大明确了未来我国教育事业的发展方向，也为教育工作指明了道路。

教育的最终目的是促进人的全面发展，人的全面发展又是推动经济发展、社会进步的根本力量，是衡量社会进步的重要尺度。开展素质教育，培养高素质的公民是我国经济、社会、文化可持续发展的人力保障，是我国经济和社会发展战略性和前瞻性的重大问题。普通高中实施综合素质评价既有助于推动高中生的全面发展，促进素质教育，也可以改变教师评价观念、改革考试评价制度、彰显学校办学特色、优化社会风气，有利于加强能力本位教育，拓宽中学课堂教学模式，形成有特色的教学过程和有成效的教学评价标准，重塑教学观。

传统的学生"学业能力"评价主要运用标准化考试的方式进行，而对于学生综合素质评价，难以也不可能仅仅通过标准化的考试来进行评价，正因如此，当前高中生综合素质评价相对传统标准化考试遇到了更多困难与阻力。在推进综合素质评价中，出现了一系列挑战性的问题，诸如"如何科学合理地制定系统化评价标准""如何确保评价过程和内容真实可信""评价结果如何应用"等。这些问题也是我们不断探索的动力和源泉。我国经济社会的发展、公民整体素质的提升、信息技术的不断飞跃，使得高中生综合素质评价朝着更加科学、公平、合理的方向发展成为可能。

本书中，我们将围绕高中生综合素质评价基本现状与存在问题，综合素质评价的国内外优秀案例，综合素质评价的价值取向，综合素质评价内涵、标准和方式，综合素质评价指标体系和综合素质评价实施路径及监控方式六个方面进行分析，促进传统被动的素质教育向家庭、学校、社会主动参与的素质教育转变，推动普通高中生综合素质评价朝更加科学、公平、合理的方向发展。

由于作者学识水平有限，书中难免有错误或不当之处，恳请各位读者及专家不吝赐教。

另外，感谢谢纪梅、张心怡、陈铁凝、丁荣荣、陈旻然、卢煜宁、于晓翠和高静为书稿做出的文字校订工作。

目录
Contents

第一章

高中生综合素质评价的现状与问题

由于科技的迅速发展和社会的不断进步，社会对人才的要求已逐渐由原来单一型的高级技术专门人才向具有较高综合素养的综合性人才过渡。在这一转变过程中，社会对人才的要求越来越高，这就对教育提出了更高的要求，教育必须基于现代社会对于人才的需求做出相应的调整和适应，而教育评价作为教育的重要组成部分，无论是在价值取向、内容还是方法上都在发生着变革。学生综合素质评价受到越来越多人的关注，全面开展综合素质评价，有利于促进学生自我了解，做出规划，积极主动地发展和提升自己；有利于学校了解学生成长规律，实施多元化的人才培养模式；有利于促进评价方式改革，转变以考试成绩为唯一标准评价学生的做法，也为高校招生录取提供重要参考。本章中，首先，对综合素质评价的概念和对象进行了讨论和界定；然后，结合相关政策，回顾综合素质评价在我国的缘起与发展状况；最后，探讨当前制约综合素质评价的影响因素。

第一节　综合素质评价的内涵与对象

高中生的综合素质评价不同于高考，它是对高中生在高中阶段的学习和生活的全面发展状况进行观察、记录和分析，是发现和培育学生良好个性、促进学生全面发展的重要手段，是深入推进素质教育的一项重要制度。提升学生的综合素质是素质教育培养的目标，也是开展综合素质评价的最终目的。因此，在开展高中生综合素质评价前，需要对综合素质概念形成统一的认识。当今，关于综合素质的概念界定的研究较多，总的来讲，研究者对综合素质的理解包括两大类：有人认为综合素质是除学习成绩以外的素质；也有人认为它既包括学术能力，也包括非学术能力，具体的维度主要有德智体美劳和运用知识解决问题的综合能力。除了上述两大类外，也有学者认为综合素质评价的目的在于助力学生的全面发展，因此，只要是学生具备的、高考无法测出的良好素质，都是综合素质评价的对象，它可以是学术素质，也可以是非学术素质。

一、综合素质评价的概念界定

1. 素质及素质教育

“素质”一词由来已久，具有多种不同的界定。《现代汉语词典》对“素质”的解释包括三点：一是指事情本来的性质；二是指人的素养；三是心理范畴学术语，指人的神经系统和感觉器官上的先天的特点。在《教育大词典》（顾明远主编）中，作者从教育理论和实践角度出发对“素质”进行了全面解释：一是指每个人先天就有的生理特点，如神经、感官和运动系统等，这些系统通过遗传获得，俗称为遗传素质；二是指公民在教育过程中养成的基本素质或某种专门的能力，如国民素质，这些素质和能力是后天通过教育影响养成的。总的来说，素质有狭义和广义之分。狭义的素质是指生理和心理上的遗传素质，广义的素质是指个体在先天遗传与后天培养共同作用下形成的人的身心发展特点和潜能。我们认为综合素质中的素质指一般意义上的素质，指个体身心发展的水平，包括先天的和后天的成分。

素质教育是在国际教育改革和中国教育改革大潮背景下提出的。素质教育是一种以提高受教育者诸多方面素质为目标的教育模式，它重视对人的思想、道德、能力、个性和身心健康的培养。目前，国家已经颁布了一系列教育政策和文件，其中也对素质教育的含义进行了解释：素质教育是以全面促进学生基本素质发展为根本目的，以关注学生潜能、培养学生的终身教育能力、促进学生德智体等方面协调发展为基本特点，旨在提高全民族素质。具体来说：第一，素质教育的目的是培养学生的创新精神和实践能力，全方位提高学生的基本素质。根据学生的自身特点和爱好，培养学生的特长，而不以培养成整齐划一的社会人为目标，充分尊重学生的个性和特质，一定程度上打破了以往教育唯考试、学生唯分数的教育模式；第二，素质教育是面向全体学生，不是为少数学生服务的教育，这就要求各级教育部门为所有适龄儿童和青少年提供平等的教育机会，帮助每个孩子成长，促进每个学生进步。第三，素质教育重视学生的思想素质和心理素质。素质教育倡导将学生从单一的为分数而学习的状态中解脱出来，充分释放学生的个性和特长；重视学生的理想、信念、心理、意志等非智力因素的学习；提倡教师用讨论式、探讨式、启发式的教学方式，培养学生主动学习、主动思考的能力和习惯。

2. 综合素质评价

评价的实质是价值判断，教育评价是指“根据一定的教育价值观或教育目标，运用恰当的科学手段，通过系统地收集、分析和整理信息资料，对教育主客体、教育过程和教育结果进行判断，为提高教育质量和为教育决策提供依据的过程”。随着教育评价的发展，单纯使用分数来评价学生好坏的弊端日益显著，综合素质评价开始变化，并逐渐取代以往旧的评价方式。根据评价内容，综合素质评价主要分为以下三大类：

（1）综合素质评价应该评价学生学业成绩、科研情况等学术能力以外的德智体美劳诸多方面的表现。如王景英教授提出，学生综合素质评价就是对学生思想品德、知识技能、体质、社会适应性以及劳动技能等各个方面的可教育性及实际发展水平进行价值判断，这就是现代教育的学生评价观。①

（2）学生综合素质评价既应包括学术能力，也应包括非学术能力。刘志军、陈雪纯认为，综合素质是作为整体的人的主体性品质及其表现能力的综合体现，就学生而言，不仅品德、体力、审美等这些非学术能力可以体现其综合素质，学业成绩也是体现学生综合素质（尤其是学习能力）的重要证据。② 卫作辉、王建春认为综合素质应该包括一般性发展内容、各学科的学习内容及创新精神。③ 一般性发展内容包括道德品质、学习能力、交流合作等；各学科的学习内容涉及学科素养方面的内容，既要考查学生对学科知识要领与事实的理解，又要评价学生在情感态度、学习技能、学习行为习惯等方面的变化；创新精神包括认真思考，发现问题，提出科学、

---

① 王景英. 教育评价理论与实践［M］. 长春：东北师范大学出版社，2002：256.

② 刘志军，陈雪纯. 高中学生综合素质评价主体多元化：问题与思考［J］. 中国考试，2020（8）：67－71.

③ 卫作辉，王建春. 普通高中学生综合素质评价的探索与实践［J］. 教育导刊，2010（5）：60－63.

合理又富有创新的解决方法。

（3）综合素质评价应测试那些无法通过纸笔测试的素质，综合素质评价的重点应该是传统纸笔测验所难以评价的部分，包括创新能力、批判性思考能力和合作沟通能力等。孙彩霞曾经从综合素质评价的界定方法出发，将那些纸笔测试、总结性考试无法反映出来的素质统称为综合素质。①

从综合素质评价的各个环节出发，不同的学者提出了各自对综合素质评价的见解。其中，一些研究者从教育评价的目的出发，认为促进学生的全面发展并不是要求学生各方面素质都达到高质量发展，而是在接触全面教育的过程中，实现自身的个性发展。王道俊和郭文安认为，我国教育目的的基本精神在于：培养德智体美全面发展的、具有创新精神、实践能力和独立个性的社会主义现代化需要的各级各类人才。② 李雁冰认为素质教育的意义不在于培养某种或某些素质，而是在本质上尊重每一个人发展的独特性与整体性，并促进其实现。③ 素质教育即追求人的个性发展独特性与整体性的教育。从本质上讲，“综合素质评价是个性发展评价”。从这个前提出发，综合素质不再是各方面素质的组合，而是发现不同素质之间的内在联系，使之融合起来变成个性整体。陶西平注重学生在评价过程中的主体作用，将学生素质评价界定为，以学生素质为评价对象进行价值判断的过程，侧重于学生的素质优化与提高，促使学生身心和谐发展的一种评价。根据人的发展和社会发展的实际需要尊重学生的主体性和主动精神，注重开发学生的智力，培养学生的个性特长，提高学生的基本素质。④ 肖远军和邢晓玲强调综合素质评价的实用性和价值，认为学生的综合素质评价就是对学生思想品德、知识技能、体质、社会适应性及劳动技能等各个方面的可教育性及实际发展水平进行价值判断的过程。⑤ 李忠良提出的综合素质评价的概念从整个评价体系出发，概述了综合素质评价的全过程及评价的最

① 孙彩霞．区域间高中综合素质评价标准的比较研究［J］．基础教育，2014，11（1）：52－57，65.

② 王道俊，郭文安．教育学［M］．北京：人民教育出版社，2009：105.

③ 李雁冰．论综合素质评价的本质［J］．教育发展研究，2011，34（24）：58－64.

④ 陶西平．教育评价词典［M］．北京：北京师范大学出版社，1998：68.

⑤ 肖远军，邢晓玲．我国教育评价发展的回眸与前瞻［J］．江西教育科研，2007（12）：12－14.

终目的，认为普通高中生综合素质评价是以学生、教师、家长为主体，按照一定的评价指标和标准，对普通高中生在思想道德、学业水平、身心健康、艺术素养和社会实践等方面进行系统评价的过程，以期对学生的高中阶段做出全面、客观的评价，目的是促进学生全面而有个性地发展。①

基于上述介绍，我们可以看出，虽然不同学者对于综合素质评价的内涵理解不同，但研究者们普遍认为综合素质是个体所具有的从事某种活动的基本品质，其含义和广义的素质相近，但更强调综合素质是一种综合性的、整体性的素质。因此，学生评价既要考查学生的学习能力，又要对学生的道德行为、心理品质、实践创新和艺术修养等诸多方面进行全面评价，将学生导向更广阔的和个性化的发展空间。本书中的综合素质评价是指依据一定的价值取向、学生发展目标、高校招生需求、综合素质结构（品德发展与公民素养、修习课程与学业成绩、身心健康与艺术素养、创新精神与实践能力）及评价对象特点，借助多元化的评价方法，对评价对象的综合素质发展状况进行收集和分析的过程。其中，要考查的学生综合素质是指除去能够通过纸笔考试或测验而进行评价的素质，既包括学术能力，又包含非学术能力，两者共同构成了综合素质。

二、综合素质评价的功能

学生综合素质评价就是要对学生的综合素质进行考查、鉴定与判断，搞清楚作为评价对象的综合素质的结构就成为综合素质评价开展的前提条件。2014 年 12 月，教育部印发的《关于加强和改进普通高中学生综合素质评价的意见》（教基二〔2014〕11 号）指出，学生综合素质评价应该从思想品德、学业水平、身心健康、艺术素养及社会实践五个方面着手进行考查，这五个方面分别对应的是德智体美和运用知识解决问题的综合能力。由此可见，学生综合素质的评价不同于应试教育背景下传统的考试评价方式，它不仅重视学生学业成绩，而且重视学生其他各方面综合素质的考查，这也是综合素质评价的“综合”之应有之义。

---

① 李忠良．高中学生综合素质评价文献综述［J］．科学咨询（教育科研）：2016（9）：94－96.

现在的学生综合素质评价基本遵循政策指示，将学生的素质整体划分为若干维度，为了便于观察或者测量，对这些维度再次进行细分，细化到二级甚至三级指标直至观测点。这一分类方式细化了评价的类别，便于学校、老师和个人进行打分，但仔细研究会发现，类别的划分实则存在边界不清的情况，比如，艺术素养与学业水平之间、学业水平同社会实践之间及学业水平与其他几个方面都存在着交叉重叠的关系。

综合素质评价的重要作用体现在挂钩普通高中教育和高校招生录取上。对于普通高中学校，评价内容可以成为学生成长发展的重要指引，学校要充分利用评价材料，对学生发展状况进行科学分析，因材施教，引导学生意识到自身优势，促进学生个性成长，达到多元化发展的教育目标。对于高校，学生综合素质评价可作为高校招生的重要参考。随着我国各行各业的蓬勃发展，需要高校向社会输送多种类型的人才，因此在招生工作中，学生的学科或特长优势及学生个人意愿和兴趣与高校的学科特色和人才培养要求的相互匹配，更有利于学生自身发展并满足高校培养人才的需求。

另外，综合素质评价对于促进学生自身发展起到至关重要的作用。首先，综合素质评价应关注学生全面发展。程龙认为综合评价的内容并不是对不同素质进行机械的“组合”或者简单相加，而应该是探索各方面素质之间的内在隐性联系，实现各素质的有机融合，把学生看作一个全面综合的整体。① 肖磊、李本友认为，综合素质评价应该淡化甄别和选拔功能，既重视对学习成绩做出评价，同时运用评价的教育性功能也要将学生其他多方面的素质激发出来，将综合素质评价的全面性、发展性的育人原则凸显出来。② 其次，综合素质评价应更加强调学生的个性发展。长期以来，我们对全面发展的教育的理解出现了偏差，认为全面发展就是让学生各个方面都得到较高水平的发展。实际上，全面发展的教育主要是指对学生进行全面的教育，让学生接触各学科领域的丰富知识，并从中找到自己感兴趣的领域，以此作为自己的终身志向，从而进行深入学习。学生个性的培养必

---

① 程龙．综合素质评价对学生发展核心素养评价的启示［J］．现代教育管理，2019（12）：36－42．

② 肖磊，李本友．综合素质评价的制度化：历程回眸与系统谋划［J］．教育研究，2018，39（4）：68－74．

须引起重视，而且必须在考试评价制度中予以确立。而这依靠统一的高考制度无法完成，故综合素质评价必须担当起发现和发展学生个性的重任。综合素质评价既应衡量学生各方面能力的一般性发展，又要鼓励学生个性和特长的单独发展，旨在培养具有创新精神和独特个性的适合社会主义现代化各行各业需要的各类人才。

第二节 综合素质评价的缘起与发展

20 世纪末，我国开始关注学生的全面发展，综合素质评价成为教育改革的新的发展需求。2004 年，教育部开展高中课程改革试点，对综合素质评价的探索由此展开（图 1-1）。经过 10 年发展实践，积累经验，不断完善，到 2014 年，除西藏等极少数省市以外，其他省区市都落实了综合素质评价的实施方案，高中综合素质评价进入全面的普及阶段。至今，综合素质评价方式、方法仍在不断改革和发展。在过去 20 多年中，综合素质评价的流程不断完善，标准日趋统一，评价主体越来越多元化，评价的应用也越来越满足于学生发展和人才选拔的需求；不过在评价过程中，也暴露出来了一些问题，如评价方式不灵活，评价的监督机制仍不完善，等等。

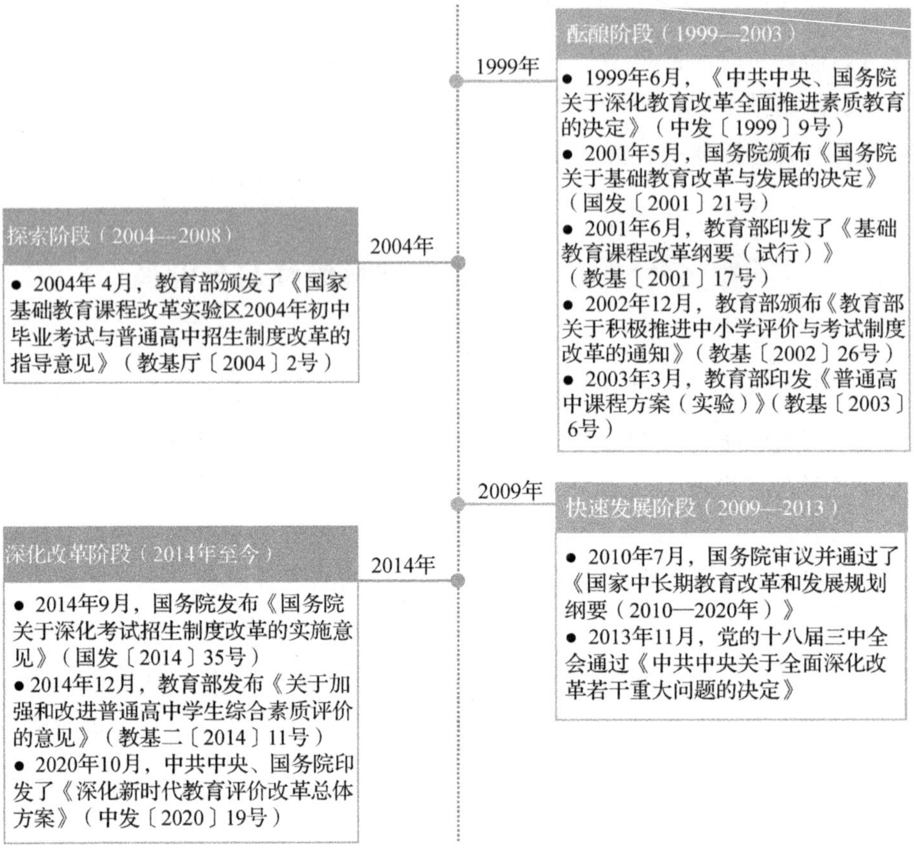

图 1-1　综合素质评价相关政策文件

一、酝酿阶段（1999—2003）

国务院于 1999 年 6 月颁布《中共中央、国务院关于深化教育改革全面推进素质教育的决定》，提出“高考科目设置和内容的改革应进一步突出对能力和综合素质的考查”。2001 年 5 月，国务院颁布《国务院关于基础教育改革与发展的决定》，提出“端正教育思想，转变教育观念，面向全体学生，加强学生思想品德教育，重视培养学生的创新精神和实践能力，为学生全面发展和终身发展奠定基础”。同年 6 月，《基础教育课程改革纲要

(试行)》提出，“加强对学生能力和素质的考查，改革高等学校招生考试内容，探索提供多次机会、双向选择、综合评价的考试、选拔方式”。以上三个政策强调了综合评价的重要性，并指明探索新评价方式的要求。这一阶段，大家纷纷把研究的目光投向高考科目设置和高考内容改革，探讨这些改革如何对学生能力和综合素质进行考查。如沈丽艳等人对小学生、初中生综合素质评价情况进行了调查。学校实践层面，上海市静安区十分关注学生综合素质评价研究，坚持进行学生综合素质评价探索。①

2002 年 12 月，教育部颁布《教育部关于积极推进中小学评价与考试制度改革的通知》（以下简称《通知》），提出“以促进学生发展为目标的评价体系”，建立每个学生的成长记录，将学生发展目标分为基础性发展目标和学科学习目标，基础性发展目标包括道德品质、公民素养、学习能力、交流与合作能力、运动与健康、审美与表现等，为学生综合素质评价提供了基本的内容结构与框架，成为以后学生综合素质评价实施的基础。学科学习目标列出本学科学习的目标和各个学段学生应该达到的目标，并对评价方式提出了建议。2003 年 3 月，教育部印发《普通高中课程方案（实验)》要求，应建立发展性评价制度，实行学生学业成绩与成长记录相结合的综合评价方式。

在这一阶段，越来越多的研究者开始关注学生综合素质评价的理论与方法研究，有的研究者利用多元统计分析中的因子分析法对学生综合素质进行评价，有的研究者关注学生语文、数学、英语等具体学科的综合素质发展性评价。实践层面的经验总结也比较丰富，如上海市教委原基础教育处处长余利惠分享了《上海市中小学生成长记录册》的使用经验，用学生的“综合素质评价”代替“学生学习成绩评价”，注重过程性评价、学生自我评价及多元化评价，实施发展性评价。

二、探索阶段（2004—2008）

2004 年正式开始的高中课程改革，对综合素质评价的探索由此展开。

---

① 沈丽艳，姜英杰，李泽宇．高中学生综合素质评价调查报告［J］．现代中小学教育，1999(7)：3－5.

2004 年 4 月，教育部颁布《国家基础教育课程改革实验区 2004 年初中毕业考试与普通高中招生制度改革的指导意见》，这也是文件中首次提出“综合素质评价”的说法，强调综合素质评价的内容应以《通知》中提出的道德品质、公民素养、学习能力、交流与合作能力、运动与健康、审美与表现六个方面的基础性发展目标为基本依据，各地可根据实际情况将其具体化，使综合素质评价的方法具有可行性，并力求评价结果的科学和公正。同时指出，评价结果应作为衡量学生是否达到毕业标准和高中阶段招生的重要依据。从 2004 年 9 月开始，山东、广东、海南与宁夏四省区的高中率先进行普通高中新课程实验。在进行课程改革的同时，此四省区也率先进行了普通高中综合素质评价的实践探索。这些探索为高中综合素质评价的实行提供了宝贵经验，高中综合素质评价的实践也从这一年开始。2005 年，综合素质评价成为南京高中招生录取的参照依据。2006 年，普通高中综合素质评价正式启动，多个省市制定了《普通高中学生综合素质评价实施指导意见》，高中综合素质评价工作进入全面试点阶段。2007 年，首批参加高中课改的学生参加高考，2008 年起综合素质评价陆续进入高考。全国各地陆续颁布了“初高中学生综合素质评价实施方案和实施细则”，学校也陆续开展学生综合素质评价。这一阶段将综合素质评价落到实处，在政策引导、各地政府坚定支持、学校的贯彻落实、教师和学生的积极配合下，评价方案有序实施，积累了很多实践经验。

三、快速发展阶段（2009—2013）

2010 年 7 月，《国家中长期教育改革和发展规划纲要（2010—2020 年）》明确提出，要进一步全面实施普通高中学业水平考试和综合素质评价，要求各地各校针对综合素质评价设计详尽的方案，力求逐步落地。2013 年 11 月，党的十八届三中全会《中共中央关于全面深化改革若干重大问题的决定》再次强调：“推行初高中学业水平考试和综合素质评价。”随着国家出台各项在高考改革中局部尝试和探索实施综合素质评价政策，与高校招生紧密相关的高中综合素质评价研究越来越受到学者的关注与重视，出现了大量实践层面的研究，如高中生综合素质评价体系的实践探索、高中生综合素质评价面临的问题及其对策、普通高中生综合素质评价实施的个案研究、区域间高中综合素质评价标准的比较研究等。特别值得一提的是，在这一阶段，综合素质评价落地，高中学校的校本研究非常丰富多元。例如，燕山大学附属中学在学生综合素质评价改革中，围绕学生自我成长、“双自”教育、校园文化建立和多元评价机制等开展了系列实践；西北大学附属中学以推进综合素质评价引领学生可持续发展的方法创建精品特色高中；也有研究者从高中的招生角度分析了综合素质评价该何去何从。此外，基于电子平台的高中生综合素质评价探索、综合素质评价如何取信于民、新高考综合素质评价“瘦身”、高中生综合素质评价家长认知度和学生满意度调查等话题也引起了研究者的热议。随着高中生综合素质评价改革的试点与推进，更多的高中生综合素质评价研究关注到实践领域出现的问题，针对评价缺乏可操作性、流于形式等问题提出了许多功能和制度上的完善措施。

四、深化改革阶段（2014 年至今）

2014 年至今为深化改革阶段。2014 年 9 月，国务院发布《国务院关于深化考试招生制度改革的实施意见》，提出要“探索基于统一高考和高中学业水平考试成绩、参考综合素质评价的多元录取机制”（简称“两依据一参考”），其明确了高中生综合素质评价要与高考挂钩，尝试在高考招生录取中应用高中生综合素质评价结果（图 1-2）。2014 年 12 月，教育部《关于加强和改进普通高中学生综合素质评价的意见》对综合素质评价的重要意义、基本原则、评价内容、评价程序、组织管理流程做了详细的规定，这是教育部颁布的第一个有关高中学生综合素质评价的专门文件。两个文件的颁布标志着综合素质评价进入了新的发展阶段，综合素质评价成了高考改革的重要组成部分。2015 年，作为国家高考综合改革试点省份，上海市与浙江省分别制定了《上海市普通高中学生综合素质评价实施办法（试行）》（沪教委基〔2015〕30 号）和《浙江省教育厅关于完善浙江省普通高中学生成长记录与综合素质评价的意见》（浙教基〔2015〕45 号）。

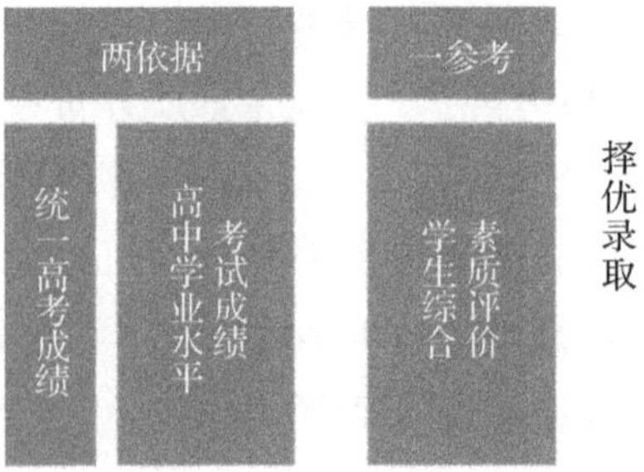

图 1-2　“两依据一参考”示意图

这一阶段在先前经验总结的基础上，梳理上一阶段综合素质评价过程中存在的问题并对其进行反思，选取了上海市与浙江省进行试点工作，进一步推进和完善高中生综合素质评价的改革。高中生综合素质评价从政策文本全面走向教育实践，成为各课程改革实验区学校的重点工作内容。如何让高中生综合素质评价在高校招生录取中切实发挥其“参考”作用，成为教育部门必须面对的、亟待破解的重大改革课题，也引起了众多研究者的关注。更多的研究集中在高中学校如何真实地记录高中生的综合素养评价档案内容，如关注普通高中生综合素质评价的“上海设计”、高中生综合素质评价档案管理系统应该如何设计与实现、如何利用综合素质评价促进高中学校学生管理工作等。

不仅如此，许多研究者基于新高考改革试点经验，探讨了高中生综合素质评价的本质偏离及改进，以及中小学综合素质评价的现状、问题与对策；一些研究者认为高中综合素质评价存在片面性，并针对高中综合素质评价功能的虚化提出了许多解决方案。还有研究者讨论了将综合素质评价纳入高考录取的阻力与对策，分析了将省级综合素质评价系统纳入高校招生体系的构建。一些学者除了关注国内高中和高校综合素质评价外，还借鉴国外测评项目如 PISA（Program for International Student Assessment，学生能力国际评估计划）、TIMSS（Third International Mathematics and Science Study，第三次国际教学和科学评测）的经验，思考综合素质评价中测量量表的构建及结果的解读。自 2015 年起，许多研究者梳理了高中综合素质评价的历史与嬗变，回顾与反思了普通高中生综合素质评价改革十年的研究主题、现状、不足及对未来的展望。有一个现象值得关注，从 2019 年开始，高中生综合素质评价研究热度逐渐下降，发文量锐减。这可能因为，在实践中人们并未找到高校有效使用高中生综合素质评价的突破口，目前，高校招生中学生现实材料、自评报告、证明材料等记录的实际使用率不高，人们质疑高中生综合素质评价的参考作用，综合素质评价不能真实反映实际情况，高校不愿意使用综合素质评价信息已经成为客观现实，因而这方面的研究也就陷入瓶颈期。2020 年 10 月，中共中央、国务院出台了《深化新时代教育评价改革总体方案》。作为中华人民共和国第一个关于教育评价系统改革的文件，它提出了改革学生评价，通过深化考试招生制度改革，构建引导学生德智体美劳全面发展的考试内容体系，并要求加快完善初、高中学生综合素质档案建设和使用办法，逐步转变简单以考试成绩为唯一标准的招生模式。

追述综合素质评价的历史与嬗变，实施学生综合素质评价是贯彻党和国家教育方针和政策的迫切需要，国家颁布的政策强调通过教育评价改革来落实立德树人的根本任务，力图通过学生综合素质评价的实施，扭转“唯分数”论和一考定终身的考试机制，扭转不科学的评价导向，解决教育评价问题。20 年风雨变幻，高中生综合素质评价体系从最初的理论指导，在逐步落实于各省市的教育实验和实践当中，发现并解决问题与矛盾，逐步走向完善。

五、高中生综合素质评价的现状

各省市在自身制定的文件中对综合素质评价的使用原则、评价程序、过程监督都做出了详细指示，指出各级教育行政部门要本着公平公正的原则，加强组织领导，开展人员培训，加强信息管理，严格执行评价流程，诚信评价，建立健全监督体系，确保学生综合素质评价的专业性，使评价工作高效、有序开展。总体来讲，当前高中生综合素质评价过程较为完备，评价方式、评价主体、监督机制和评价应用均处于发展完善阶段，评价形式已全面落实。但评价实践仍存在操作性难题，解决这一问题需从评价目的出发，因地制宜，以学生发展为前提，并与高校招生录取挂钩，使综合素质评价工作切实成为学校工作、学生学业发展的重要一环。

当前，高中生综合素质评价总体落实到位，得到多方认同。教育行政部门、高中学校校长和教师普遍认为，综合素质评价工作对落实立德树人根本任务、推动育人方式转变、促进学生全面发展和健康成长起到了重要的推动作用。省、市、县（市、区）三级教育行政部门通过宣传、培训、会议调度等方式积极推动各地各校落实综合素质评价工作。张湘韵认为在教育改革过程中，综合素质评价过程不断完善，当前评价形式已经十分全面。① 评价既包括过程性评价，也包括总结性评价，既能发挥评价的甄别作用，又可以发挥教育改进和激励作用。

（一）评价内容

评价内容能够反映学生全面发展情况和个性特长。随着教育改革的推进，普通高中生综合素质评价的内容不断改进，针对以往研究者提出的部分评价指标不合理、评价标准不统一等问题作了相当多的改进，并严格落实中央文件要求，本着科学成才的观念，着重考查德育、体育、美育、劳育和学业评价。

综合来看，各省市普通高中生综合素质评价一致，包括思想品德、学业水平、身心健康、艺术素养、社会实践五项内容（图 1-3），各地颁布的文件中，五项内容说法不一但总体相似，考查内容一致，反映学生全面发展情况和个性特长，注重考查学生社会责任感、实践能力和创新精神。思想品德方面，主要考查学生对党和国家的热爱，以及是否有理想信念，与人交往是否诚实守信、仁爱友善，能否肩负自己的责任、履行自己的义务，是否遵守纪律和法律。学业水平方面，主要考查学生掌握各门课程基础知识的情况、基本技能的情况以及运用知识解决问题的能力。包括必修和选修课程的学习成绩、学业水平考试、研究性学习与创造性成果等，特别是优势学科的学习情况。身心健康方面，主要考查学生是否拥有健康的生活习惯，是否坚持体育锻炼，各项身体机能是否合格，有无擅长的运动技能，心理是否健康，等等。艺术素养方面，主要考查学生对艺术的审美体验、

① 张湘韵．学校共同体：高中课程改革的新途径［J］．凯里学院学报，2013（3）：142－144.

理解、欣赏和表达的能力。社会实践方面，主要考查学生在日常社会生活中进行劳动、经历体验等情况，包括学生参加实践活动的次数、时间，完成的作品、调查报告，等等。

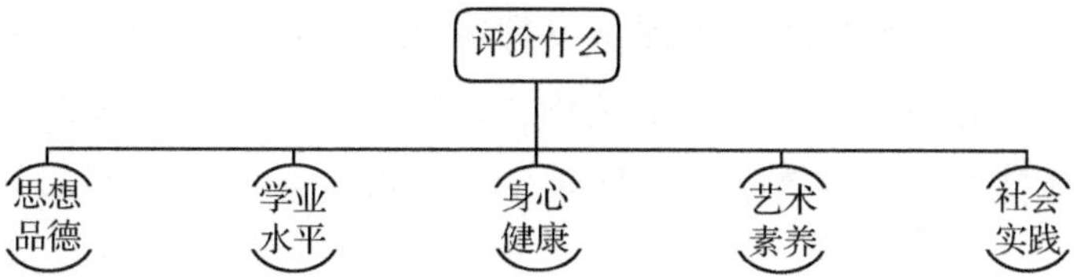

图 1-3　评价内容示意图

辽宁省各地各校在促进学生德智体美劳全面发展的同时，注重综合素质评价指标与学校特色的结合，一批典型学校将思想品德、学业水平、身心健康、艺术素养、社会实践五方面评价内容与学校实际情况相结合，关注学生个体的进步和多方面的发展潜能，对学生在校生活的优异表现进行全员、全程、全面表彰，实现了学校特色与综合素质评价的有机对接。除此以外，江苏省在五项基本素养的基础上加入自我认识与生涯规划，注重学生的自我认识与评价，采取自我陈述的方式重点展现学生自我认识与个性特点、学习收获与成长体验、人生志向与生涯规划等。新一轮改革中，各地区将学生每学年必修及选修期末考试成绩等纳入学业水平评价中，使得学生评价具有了连续性和发展性，切实体现了学生学业水平的发展情况。

综上来看，当前普通高中生综合素质评价的内容符合当前高校招生的要求，可以大体反映学生综合素质，表现学生学业水平和其他表现的发展情况。但从长远来看，固化的评价内容使部分学生为了获得加分而学习某一技能，为了加分而参加社会实践，弱化了学生参与社会活动的体验感和学生探索、创新的兴趣，限制了学生的全面发展。教育的目的不止于培养全能人才，更在于为每个学生的个人成长提供支持，对每个学生的独特优势予以肯定。随着我国整体教育的发展，可适当放宽评价要求，设置更加丰富的高中选修课程，鼓励学生多元化发展和个性化发展。

（二）评价主体

评价主体日益多元化。在评价主体上，不少学者认为评价主体应该包括教师、同学、学生本人和学生家长等，第三方评价机构的理念也被提出。部分学者认为第三方评价机构可以确保评价的客观性和公平性。研究表明，在当前的评价主体中，既有学生所在学校的评价，又有招生院校的评价。[①] 在学生所在学校的评价中，学生自我评价有自我记录、自我认识，以达到自我成长的目的，教师及学校评价发挥客观能动性，帮助学生客观全面地认识自己的优势和不足；在招生院校的评价中，招生院校按照人才培养方案，制定综合素质评价体系，借助学生的写实记录等综合素质评价档案进行筛选。

在实际的高中生综合素质评价过程中，各地区也正在探索多个主体参与的评价形式，其中包括学生的自我评价、同学之间的评价、教师的评价、家长参与评价和社区评价等相结合的多元评价主体。在具体实施中，各地区的评价主体所占的比例并不相同。以安徽省为例，教师评价占40%，学生互评占40%，学生自评占20%；在宁夏，教师评价占50%，学生小组评价占30%，学生自评占20%。由此看出，教师在评价过程中的地位一直是比较重要的，而且以学生为主体的评价也越来越受到重视。不过，山东省加大了家长在综合素质评价中的参与度。除了多元的评价主体外，部分省市还成立了专门的评价小组，小组以班级为单位，小组成员包括班主任、任课教师，以及教导处、德育处、团委相关人员。比如，广东省要求校领导、教师代表、学生代表、学校家长委员会代表共同组成评价小组。

（三）评价方式

1. 评价流程

评价方式各省趋于统一。各省普通高中生综合素质评价程序基本包括写实记录、整理遴选、公示确认、录入信息、查询使用几项步骤，需要学生完成的步骤都需要教师指导。① 写实记录：从高中入学起，学生就开始记录个人成长档案，客观记录与五项综合素质内容相关的具体活动，事例

---

① 辛文丹. 新高考改革背景下普通高中学生综合素质评价研究［D］. 烟台：鲁东大学，2018.

要做到真实，材料要具有证明性。② 整理遴选：学期期末，整理一年中的活动记录，选择出与综合素质密切相关的具体活动记录，申请入档。③ 公示确认：学校对遴选出的写实记录材料在公示栏或校园官网公示，在此期间，若有异议，可进行复核，公示期满不再更改。④ 录入信息：各省、市、地区要根据省教育厅格式要求，将记录内容提交到各省普通高中生综合素质评价信息管理平台，信息档案一般包含个人成长记录（综合素养五方面的表现）、学生自我评价、教师评价、事例材料和学校公示的情况。⑤ 查询使用：学生所在普通高中学校和高校具有查询或使用资格，但无更改权限。具体评价流程如图 1-4 所示。

图 1-4　评价流程示意图

2. 评价方法

第一，注重客观写实记录（图 1-5）。按照综合素质评价要求，学校为每一名学生建立综合素质评价记录册，学生在班主任、任课教师的指导下客观记录能够体现综合素质发展水平的具体活动，收集相关典型事实材料并及时整理完善，切实保障活动记录、事实材料真实，有据可查。第二，注重表现性评价。针对综合素质评价中思想品德、身心健康、艺术素养、社会实践等一些不适合量化考查的内容，各地各校注重运用表现性评价，通过客观测验以外的行动、表演、展示、操作、写作等表现，评价学生表达能力、思维能力、创造能力、实践能力等。上海市与浙江省都明确规定了写实记录是综合素质评价的方法之一。北京市虽然没有明确规定，但是其电子平台的使用及报告手册的填写都反映出需要运用写实记录法。写实记录法将繁多的记录描述工作放到了平时的活动过程中，这不仅可以为师生减负，还可以提高结果的可靠性。

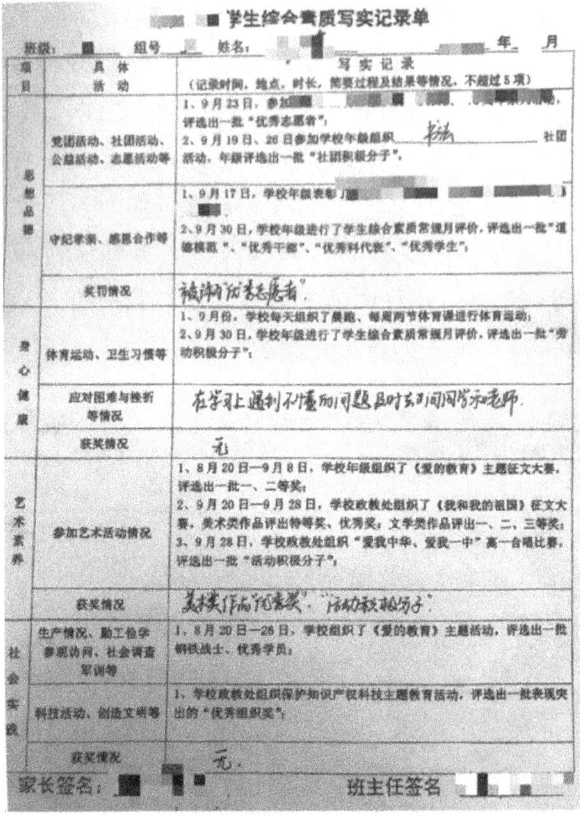

[redacted]学生综合素质写实记录单

班级：[redacted] 组号[redacted] 姓名：[redacted] [redacted]年 月

项目	具体活动	写实记录（记录时间，地点，时长，简要过程及结果等情况，不超过5项）
思想品德	党团活动、社团活动、公益活动、志愿活动等	1、9月23日，参加[redacted]，评选出一批"优秀志愿者"； 2、9月19日、26日参加学校年级组织 书法 社团活动，年级评选出一批"社团积极分子"。
	守纪守法、感恩合作等	1、9月17日，学校年级表彰了[redacted]。 2、9月30日，学校年级进行了学生综合素质常规月评价，评选出一批"道德模范"、"优秀干部"、"优秀科代表"、"优秀学生"；
	奖罚情况	被评为"优秀志愿者"。
身心健康	体育运动、卫生习惯等	1、9月份，学校每天组织了晨跑、每周两节体育课进行体育运动； 2、9月30日，学校年级进行了学生综合素质常规月评价，评选出一批"劳动积极分子"；
	应对困难与挫折等情况	在学习上遇到不懂的问题及时去问同学和老师。
	获奖情况	无
艺术素养	参加艺术活动情况	1、8月20日—9月8日，学校年级组织了《爱的教育》主题征文大赛，评选出一批一、二等奖； 2、9月20日—9月28日，学校政教处组织了《我和我的祖国》征文大赛，美术类作品评出特等奖、优秀奖；文学类作品评出一、二、三等奖； 3、9月28日，学校政教处组织"爱我中华、爱我一中"高一合唱比赛，评选出一批"活动积极分子"；
	获奖情况	美术类作品"优秀奖"、"活动积极分子"。
社会实践	生产情况、勤工俭学参观访问、社会调查军训等	1、8月20日—26日，学校组织了《爱的教育》主题活动，评选出一批钢铁战士、优秀学员；
	科技活动、创造文明等	1、学校政教处组织保护知识产权科技主题教育活动，评选出一批表现突出的"优秀组织奖"；
	获奖情况	无。

家长签名：[redacted] 班主任签名[redacted]

图 1-5　某高中学生综合素质写实记录单

自我陈述是来自欧美发达国家的一项比较科学和典型的评价方式。学生在自我介绍中陈述自己典型的具有代表性的行为或活动，从而表达自己的兴趣志向，展示自己的社会责任感，等等。这有助于获得难以通过考试和平时成绩反映出来的学生情感、态度、价值观、思想逻辑、个性品质、兴趣爱好、生活经历等方面的非智力信息。北京市、上海市和浙江省都采用这一质化评价手段，目的在于科学地、立体地评价学生的表现及精神风貌。

调查发现，传统的评价方式仍然占很大比重，如上海市，谈话法、观察法、测验考试和实践活动评价等评价方式均占65%以上，与档案袋评价（40.15%）、学生才艺展示（51.14%）相比，教师更倾向于选择操作比较简单的评价方式，避免选择操作性要求比较高的档案袋评价法和专项的技能展示，这与高中阶段繁重的教学任务和升学压力相关，另外也说明教师在专业的评价技能上仍然存在短板。

综上，尽管我国的高中生综合素质评价采用了多种评价方式，但对学生的素质进行评价的方式仍不够灵活，传统评价方式仍占主导。

（四）监督机制

监督机制仍有待加强。综观全国各地当前综合素质评价运行情况，可以发现其监督机制尚不完善，比如：在由谁监督方面，存在监督主体不明确问题；在监督什么问题上，存在监督内容模糊化倾向；在怎样监督上，信息公开机制未被普遍应用，监督效果仍不理想。高中生综合素质评价体系实施以来，各个地区采取的高考模式也不断发生变化，传统的“3＋X”高考模式的缺点毋庸置疑，需要进一步建立新的高考招生模式，自主招生模式应运而生。但是该模式缺乏有效的监督体系，因而必须把握这一关键点，建立更加有效的监督体系，推动综合素质评价体系的完善。

管理机制建设是学校实施高中生综合素质评价相关保障环节。完善的管理机制有利于提高评价结果的可信度，避免评价流于形式。研究者的调查结果显示，学校在实施学生综合素质评价中，相关管理机制的落实并不完善。其中，最为突出的问题是：学生的申诉机制不健全，教师的绩效考核制度不完善。高中生综合素质评价实施以来，学校依据上级指示，制定了实施细则，落实了相应的评价制度。但实施中依旧存在管理机制不健全、落实评价制度不完善的问题。据调查，在实施过程中相关的申诉机制落实并不到位，若学生对评价有异议，也就无从申诉。此外，大部分教师反馈教师绩效考核制度落实不太完善。高中生综合素质评价工作相当烦琐，它的日常实施占用了教师大量的工作时间和精力。特别是班主任，他们花费了很多精力去指导学生填写，并且监督学生客观地记录成长。但学校却没有将这部分工作进行量化，也没有将其作为教师工作量的一部分，并纳入教师的绩效考核。主要原因是许多学校对高中生综合素质评价实施的重视度不够，对相关政策的落实不到位。实施过程中，学校没有从学生、教师的主体地位出发，未将学生、教师的切身利益摆放在首位，导致了相关管理机制的落实存在不太完善的现象。

（五）评价应用

评价结果越来越具有应用性，满足于学生发展和人才选拔的需求。21世纪以来，随着大数据时代的到来和人工智能的发展，学生的成长环境发生了巨大的变化。人才强国战略必然会在我国深入实施，社会的发展对人才的需求产生了极大的变化，提高国民的综合素质，培养创新型人才、专业化人才的需求不断提升。学校作为人才培养的基地，必须改变原来的人才培养模式，全面推进素质教育，这已经成为人们对高质量的教育服务的迫切要求。高中生综合素质评价作为深入推进素质教育的一项重要制度，它注重学生的全面发展和个性特长，强调多元化的评价方法和过程性评价，体现了新时代背景下的人才培养的理念。因此，全面落实对学生创新思维和综合能力的培养，提高对高中生综合素质评价的关注和研究力度，是社会发展对人才培养的现实要求。由于考试评价对学生除学业知识以外的其他能力不重视，导致人们忽视了学生其他方面素质的发展。综合素质评价不再只关注分数，而是对学生思想道德、心理健康、学习态度、实践创新、艺术修养等素质的全面关注，这种关注和导向给了学生更大、更广阔的发展空间。每学期进行一次评价，可帮助学生及时总结成绩，发现存在的不足，明确今后努力的方向，促进学生多方面发展。

综合素质评价为高校选拔学生服务，更应真实、客观地反映普通高中学生学习、生活情况。同时评价结果应具有促进学生发展的功能，帮助学生树立自信心，学会自我审视、自我提高。对于高中学校而言，因当前缺少相关政策支持和专业人员的指导，可借鉴的经验不足，在进行高中生综合素质评价过程中容易出现一些不规范、不科学的问题。高中学校对综合素质评价的应用了解不全面，不清楚客观评价的重要性。因此，在综合素质评价过程中，一些学校不能完全脱离以学业成绩为标准的评价方式，忽视了学生除学习成绩以外的真实生活表现；一些学校为减少教师的工作量，每个学生评价的内容和结果大体一致，套用相同的评价模板，并未体现出学生发展上的独特性及其真实状况。另外，高中学校的综合素质评价频率基本上为一学期一次，评价工作无法常态化实施。评价的周期长，评价工作成为形式化的资料收集和公式化的材料书写过程，这将使得评价缺乏时效性，评价结果割裂、不连续，且评价的佐证材料一般为证书或比赛结果，缺乏过程性资料及学生自身体验的报告，导致评价结果无法体现出学生对自身的评价及其连续发展的情况。综上，由于高中学校综合素质评价的相关资料和信息与学生的真实情况不太一致，使得综合素质评价无法真实且客观地应用到高校招生录取工作中，综合素质评价的应用性受到了挑战。

高中生综合素质评价是为了促进高考制度的改革，改变高考只重分数而不考虑学生其他素质的情况。在进行评价时，评价方法由原来单一的量化方法转向质化与量化相结合的评价方法。《关于加强和改进普通高中学生综合素质评价的意见》提出，实施综合素质评价“有利于促进评价方式改革，转变以考试成绩为唯一标准评价学生的做法，为高校招生录取提供重要参考”。综合素质评价的结果和高考成绩一起成为高校录取新生的依据之一。以上这些都表明，高中生综合素质评价的实施已经影响了考试评价的价值取向，使之由重视分数向重视学生素质转变。

高中生综合素质评价的结果如何应用决定了学生、家长、高中学校、高校等对学生综合素质评价的重视程度。当前我国高中生综合素质评价的功能定位在大多数直辖市、省、自治区为软挂钩，部分省市将其作为高中生毕业的依据（如陕西省），部分省市将其作为高校招生的重要依据（如山东省），大部分省市将其作为升学的参考。上海市与浙江省属于2017年高考招生制度改革的最先试点省份，分别实行“两依据一参考”和“三位一体”（图1-6）的高考招生模式。在这两种模式下，普通高中生综合素质评价与高考的关联程度十分密切。尤其是浙江省的“三位一体”模式，融合了高中学业水平测试成绩、综合素质评价结果及国家统一考试成绩，共同构成学生综合成绩，并以此作为高校招生录取的依据，形成了招考录取的一种新模式。这种模式实现了高中生综合素质评价与高考硬挂钩，综合素质评价结果在高校录取中发挥了重要作用。

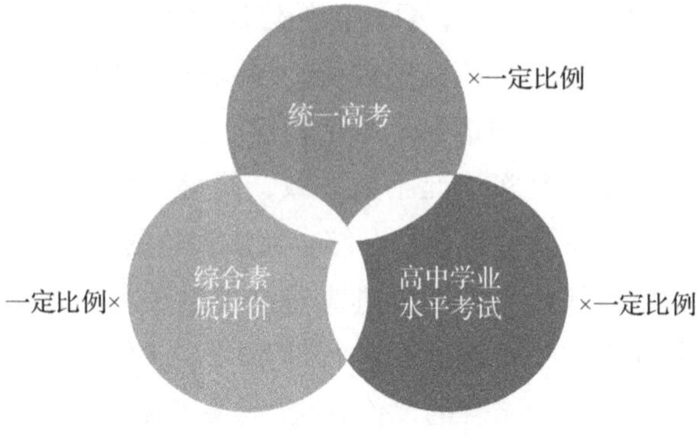

图 1-6 “三位一体”模式

第三节 制约综合素质评价的影响因素

当前我国普通高中学生综合素质评价正处于发展改革阶段，统一评价流程和不灵活的评价形式也使得综合素质评价面临可操作性差的问题，可能导致综合素质评价不能反映学生的真实素质水平、应用可信度不高等情况。什么因素导致综合素质评价受到制约呢？当前对于综合素质的基本内涵仍然存在争议，使得各省市制订的评价方案和学校、教师、学生及家长对评价的理解都存在一定的偏差；另外，评价的内容简单分为几个维度，使得评价较为片面且固化。此外，评价的可操作性较差，同时评价结果的良好功能也没有得到很好的发挥。这些都成为制约综合素质评价实际应用的重要因素。

一、对综合素质内涵的理解不一致

高中生综合素质评价内涵主要包括两个方面：一个是学术能力，另一个是非学术能力。在综合素质评价实践中，学校普遍更看重学生的非学术能力。当然，有部分研究者对这一倾向进行了指正，提出在进行综合素质评价时，学生的学术能力或成绩方面不应被忽视。由此可见，大众对学生综合素质评价的内涵还未达成统一认识。需要对学生综合素质评价内涵进行统一，只有切实提高综合素质评价的科学性与规范性，才能让评价实践走向规范化和常态化。

对普通高中生综合素质展开评价，首先要弄清什么是综合素质，什么是高中生综合素质评价。北京市将高中生综合素质评价内容划分为思想道德、学业成就、合作与交流、运动与健康、审美与表现及个性发展六个方面，还建立了普通高中生综合素质评价电子平台来辅助评价工作的开展，实现学生学习过程和效果的全方位360°评价；上海市提出了“两依据一参考”的高校招生改革框架；浙江省“三位一体”的模式也将学业水平纳入综合素质评价的内容。这三个地区的高中生综合素质评价内容都包括了体现学术能力素质的学业成就指标，认同综合素质评价是对学生学术能力与非学术能力的综合评价的观点。

另外，2002年12月，教育部颁布《教育部关于积极推进中小学评价与考试制度改革的通知》。在该通知中，教育部明确规定学生综合素质主要包括六个方面。其中，“学习能力”的表达内涵更倾向于学习愿望与兴趣，能运用各种学习方式来提高学习水平，有对自己的学习过程和学习结果进行反思的习惯，等等，而不是学业成就本身，因此，基于《教育部关于积极推进中小学评价与考试制度改革的通知》要求，对于学生学术能力的评价不应仅限于学业成绩，更应该评价学生的学习能力、学习潜能以及运用知识进行实践的能力。

二、评价内容不够清晰

2014年，教育部发布的《关于加强和改进普通高中学生综合素质评价的意见》（以下简称《意见》）指出，综合素质评价主要涵盖思想品德、学业水平、身心健康、艺术素养、社会实践五大维度。这一政策理念在实际执行过程中与理想产生较大偏差。《意见》仅在宏观层面上厘定了评价范围，这是一种较为抽象笼统的规定，具体如何操作，还需学校进一步分析、考量，然而许多学校并未在此基础上充分结合自身实际和特色，明确具体应该“评什么、测什么”，由此导致评价者难以操作，使得综合素质评价走上了形式化道路。在具体实践中，各省将上述五个维度划分为五个层面

（也有省市做了不同维度的划分），评价时对各维度进行简单相加或加权平均，这可能导致学生发展变得平庸化，更趋向于弥补短板，而忽视了个性特长的发展，最终又演变成为综合素质的“应试教育”。

自素质教育在国内兴起到综合素质评价的实施虽已多年，但目前综合素质评价体系建构仍不十分完善，比如评价指标泛化，无法清晰准确地对学生素质和能力进行评价，并且学生是不断变化和成长的，过于绝对的评价指标会束缚学生的发展空间，扼制他们寻求发展的主动性，并且随着学生的成长和变化，这些评价也并不完全真实和客观。另外，普通高中生综合素质评价的内容虽逐渐全面，但仍存在设置不合理或评分不合理的情况。2012 年李宝庆、樊亚峤提出，综合素质评价中艺术素养及对学生特长的要求实际上会导致新的教育不公平，家庭社会经济地位的不同，使得学生获得教育资源的机会也存在很大的差异。[①]

三、评价的可操作性不强

对于高中学校而言，因当前缺少相关政策支持和专业人员的指导，可借鉴的经验不多，在对学生进行综合素质评价过程中极易出现一些不规范、不科学的问题。在对学生个人进行评价时，由于综合素质评价指标体系中缺乏对观测点等级评定的赋值依据，如对学生“爱党爱国”“理想信念”等观测点进行评价时，评价者很难有充足的理由给两个不同的学生以不同的评价等级。部分评价指标本身难以被测量和评价，比如“健康生活方式”“创新思维”“心理素质”等指标难以被测量和评价，容易受个人喜好、性格、心情等诸多因素的影响，评价的信度和效度容易受到质疑。个别地区对综合素质评价指标体系了解不够深入，不能结合当地教育教学实际制定科学合理的具体实施细则，综合素质评价工作单线开展，无法与学校特色和教育教学管理有效融合。

校长和教师对评价主体能力及评价客观性存在顾虑。学生和家长在评价自己和他人时的客观性比较难以保证，部分校长和教师认为，学生难以

---

① 李宝庆，樊亚峤．高中生综合素质评价方案：问题及改进［J］．教育发展研究，2012（10）：25－29．

客观真实地评价自己和同伴，家长也很难客观真实地评价自己的孩子。综合素质评价的校间差异和不可比性问题比较突出。综合素质评价过程呈现典型的非线性特征，很多指标难以做出简单的评分和比较，很难通过综合素质评价来区分学生之间综合素质的优劣。不同区域、不同学校、不同学生的背景资源差异较大，学生参与社团活动、志愿服务、竞赛、展演的资源、机会和平台差异大，综合素质评价结果很难在个体、学校、区域之间进行横向比较，这也必然影响综合素质评价的信度。

在综合素质评价的操作过程中，基于学生群体庞大、教师工作繁忙，评价的可操作性并不受认可。如果太过追求全面，给高中学校教师和学生带来沉重的心理压力，易于造成评价过程和结果的形式化。如果对学生的评价仅限于走过场、应付任务，那么学生日常可评价的事件将随着时间的推移而遗忘。如此，教育的时效性功能、评价的激励功能将无法发挥。高中阶段繁重的学业压力，专业评价人才的缺失也是首先面临的问题，加上相关指导性文件的不足，部分学校对综合素质评价态度模糊，消极应对，并不主动建设，等等。各部门和各学校只有真正重视起来，才能最终得以解决。

四、评价功能未得到充分发挥

评价结果的育人价值没有得到有效发挥。学界普遍认为，综合素质评价在人才选拔方面的工具价值因为政策快速推进得以放大，而其全面育人、促进学生全面而有个性发展的本体功能在某种程度上被忽视，未得到充分发挥。部分地区和学校综合素质评价工作与学校教育教学管理融合不够，评价结果对改进教育教学的帮助有限。

高中生综合素质评价功能的迷失体现在对评价目标认识不清，主要表现为：部分学校的校领导和教师对高中生综合素质评价目的的理解仍然存在误解，他们认为综合素质评价仅仅是为了高等学校选拔和录取人才而做，而且高中学校所做的综合素质评价的结果也未必被高等学校采纳，高中生综合素质评价的开展与实施给他们带来了许多额外的负担和工作量，且这些与自己的教学工作并无多大关系。

评价功能过于强调甄别与选拔，忽视了评价的诊断、改进、发展等功能。评价目的迷失，表现在评价与核心素养培育、评价与教育教学之间没有建立紧密联系。当高中生综合素质评价与高校招生“挂钩”后，教师、家长、学生对高中生综合素质评价的功能和定位产生了认知偏差。为了帮助学生在综合素质评价中“获益”，同时减轻教师的记录工作量，有些高中学校在实际操作过程中简化评价流程，评价工作缺少常态化、规范化管理。有些高中学校为了开展综合素质评价，投入了大量人力、物力，但在实际的招生录取过程中，高校发现学生真实情况与高中学校记录的档案并不一致，对高中学校记录的高中生综合素质评价相关资料、信息并不认同，认为有些高中学校会美化学生的综合素质状况，因而对评价结果的信任度降低。

第二章

高中生综合素质评价的优秀案例分析

随着新课改的深入开展，综合素质评价成为学生评价改革的核心内容。作为一种新的评价制度，综合素质评价适应了时代发展的需要，是新课改的有机组成部分。学生综合素质发展是我国素质教育实施的核心目标，而综合素质评价则是推动综合素质发展的关键环节，完善综合素质评价机制是综合素质评价实施的有力保障。虽然我国一直推进综合素质评价在实践中的应用，但直至新一轮高考改革，综合素质评价的重要性才被提高到了前所未有的高度。综合素质评价在我国的境遇目前还十分复杂，一方面，随着高考改革的推进，综合素质对于学生的重要性逐步提升，不论是社会、学校还是学生和家长都开始重视学生个人素质的全面发展；另一方面，综合素质评价在推进过程中遭遇了一系列的现实问题，各地对综合素质评价体系的构建尚不科学。若这些困难未能妥善处理，将会直接影响高考改革的进程，综合素质评价也不能真正发挥促进学生全面发展的作用。在新高考改革背景下，国家对学校如何开展综合素质评价提出了明确的要求和更为细化的规定。2014 年 12 月，教育部出台《关于加强和改进普通高中学生综合素质评价的意见》，并选择上海市和浙江省作为改革试点，但时至今日，我国高中生综合素质评价仍存在许多不足，如评价管理制度不完善、评价实施过程不规范、评价保障不到位等。[①] 面对综合素质评价实践中的困境，这里遴选了国内外高中生综合素质评价中的典型案例并进行比较分析，发现各自的优缺点，从中吸收可借鉴的评价举措。

本书采用文献分析法，对有关文献资料进行检索、阅读与分析，并结合分析框架进行了归纳、整理，试图寻找和借鉴优秀案例的经验，最终选择日、韩、美、英四国案例，以及国内京、沪、浙三地样本来进行分析比较。值得一提的是，虽然国外没有我国普通高中生综合素质评价的提法，但各国都有与其评价理念相一致的评价机制，我们试图厘清其综合素质评价机制、体制，从中发现优点、特点，吸收可供借鉴的评价举措。

---

① 王小明，丁念金．历史与嬗变：普通高中学生综合素质评价改革十年［J］．现代教育管理，2015（11）：74－79．

第一节 日本、韩国——东方文化下的教育模式

一、日本、韩国高中生综合素质评价的概况

在与我国相似的文化背景下，作为同样实施高考制度的亚洲国家，日本、韩国的教育模式和组织管理体制对我国来说十分有借鉴意义。日本的教育组织管理模式为中央统一管理与地方自治相结合，韩国教育组织管理体制则与我国更为相似，即由中央统一领导，实施分层组织管理，形成中央、地方和学校等三级别的教育行政组织管理体制。两国都将记录学生高中阶段综合表现的专门材料作为高校招生录取的重要参考，这些专门材料类似我国高中学生综合素质评价。其中，日本高中生综合素质评价主要采用《学业评价报告单》的形式，韩国则采用更严格的《学生生活记录簿》。

二、选择日本、韩国样本的理由

选择日本、韩国作为研究案例，主要考虑到以下几点：

首先，考虑该国的教育政策是否能够保障其教育水平处在世界或亚洲前列。在先进性和教育质量方面，日本、韩国的教育体系较为完善，教育质量在亚洲国家中名列前茅，并且培养出大批高素质的优秀劳动者。在高等教育方面，日本、韩国都处于教育发达国家之列，都有自己鲜明的特点，都有许多排名在世界前列的高校。中国香港政治经济风险咨询机构组织了一项亚洲劳动力素质调查，包括对地区教育制度的整体印象、劳动力成本高低、高素质生产者占有量、高素质管理人员占有量及成本、英语水平及劳动力的综合技能等，调查采用 10 分制，分数越低代表该国家或地区表现越好。[①] 结果表明，韩国得分 3.09，位列亚洲第一，日本得分 3.50，中国

---

① 亚洲教育质量排行榜：韩国新加坡日本名列三甲［J］．市场观察，2002（01）：84.

得到 4.27 分。这也再次印证了日本、韩国教育质量水平的优秀，值得我们学习和借鉴。

其次，样本应该优中选优，选择优质均衡的教育模式，指向既公平又有质量的教育。推动教育高质量发展，保障教育公平，建设优质均衡的教育体系不仅是教育发展的必然过程，而且是世界各国普遍的教育追求。关于分析和筛选标准，国际学生评估项目（PISA）在 2018 年基于各经济体学生的阅读成绩，将经济合作与发展组织成员的均值作为判断优质均衡水平高低的分界线，分析各经济体的教育优质均衡情况，优质指标采用学科素养（成绩分数）来衡量，均衡则以家庭社会经济地位（SES）所解释的阅读素养成绩方差变异百分比作为指标（图 2-1）。[①] 结果表明，日本、韩国在优质指标和均衡指标上得分均较高，处于高质量高均衡维度。同时观察两国 2000 年、2009 年和 2018 年的数据，分析其近 20 年成就水平与均衡情况的发展，可以发现，日本、韩国近 20 年教育质量水平与均衡水平虽略有波动，但整体均明显高于经合组织国家平均水平，表明日本、韩国教育基本能兼顾质量和公平。

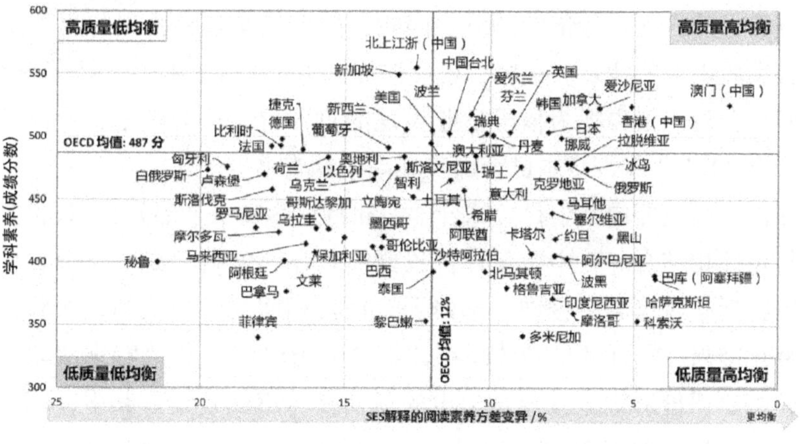

图 2-1　PISA 2018 各经济体阅读素养成绩和均衡情况

① OECD. PISA 2018 results (volume II): where all student scan succeed [R]. Paris: OECD, 2019: 60.

因此，我们在东方文化背景下选择日本、韩国两个国家来分析其各自的高中生综合素质评价举措，以期为我国普通高中生综合素质评价机制的建构和完善提供参考。

三、日本、韩国高中生综合素质评价路径与实施

1. 日本高中生综合素质评价路径与实施

日本的教育组织管理模式将中央统一管理和地方自治相结合，中央部门即文部省最早于 1871 年成立，直至 2001 年为强调科学技术创造立国，将文部省与科学技术厅合并，改名为文部科学省。作为教育主管部门的日本文部科学省下属的初等中等教育局制定了《高中学习指导培训要领》和《高中教学大纲》，并在此基础上编制了《学业评价报告单》，高中学校根据中央的统一要求，组织安排高中教师如实填写每位学生的《学业评价报告单》，记录学生在读期间的学习及活动情况，并最终由学校校长进行认定。如果高中毕业生选择推荐升学，那么其学籍档案与《学业评价报告单》就会成为其升学考试成绩的重要组成部分，资料中的定性内容将被转化为量化分数，计入入学考试的总分。同时，根据《学业评价报告单》对学生的综合素质进行的认定和报告，还会被提供给用人单位作为参考资料使用，家长们也会将该报告视为孩子学业表现的总评价，认为其是学业成绩的一部分。自 2022 年起，日本已全面实施高中调查书电子化。

评价内容主要包括学科、综合学习和特别活动三个部分①，评价方式为定量与定性相结合。其中定量评价主要体现在“学科”这一部分，主要评价内容包括是否修满必修课、选修课，在读期间的学习成绩，所获得的学分等量化结果。定性评价则体现在“综合学习时间”和“特别活动”这两部分，主要评价形式是教师对学生的活动撰写书面评语。其中，综合学习主要指体验学习和问题解决学习，内容涉及国际形势理解、信息、环境、社保和健康等领域，跨越学科的界限，学校、家庭和地方协作，培养学生的生存能力。特别活动主要包括以教师为中心的课外活动、社团活动和学

---

① 胡永红．日本高考形式的多样化改革及其启示［J］．教育与考试，2013（3）：24－27．

生会活动等，培养学生的集体合作精神和态度，使学生的身心得到和谐发展。此外，学生如果参加校外活动，诸如志愿者、就业实习，或在竞技体育和文化领域等方面的活动取得重大成果的，可以给予加分机会，但是否达到加分标准，则需要校长认定学生的活动成果是否与高中教育的水准相当，从而来决定是否给予学分。

为了更好地进行高中生综合素质评价，保证《学业评价报告单》填写和评估的准确性，地方教育委员会事务局会对高中教师进行指导、培训，定期针对《学业评价报告单》的填写等给予专业性的指导培训，如关于每年《学业评价报告单》内容结构的变化、评价标准的确定、评分规则的变化，以及相关评价政策的变化等。同时，地方教育委员会事务局还会专门派技术员、事务员到各个高中学校进行专门指导培训，以解决高中学校教师在填写报告单过程中出现的问题。

在监督调控方面，日本《学业评价报告单》填写过程的监督调控主要包含两个部分：一部分是地方审查，地方教育行政部门会对高中学校《学业评价报告单》的填写过程给予经常性的审查，由地方教育委员会事务局所派的技术员和事务员负责；另一部分是中央审查，文部科学省的初等中等教育局会不定期地对各个地方高中学校《学业评价报告单》填写情况进行抽查。这两部分的审查是并行的，若在检查过程中发现存在弄虚作假和徇私舞弊等现象，一并严惩。同时，日本高校也会在推荐入学的过程中着重参考毕业生的学籍，学籍与《学业评价报告单》基本相似，高校若发现学籍造假，会直接取消考生的录取资格。

此外，在高校招生录取制度中日本也贯彻了综合素质评价的思想，明确地把“使考试机会复数化，构筑使考生能重新应战的体系”作为大学招生考试改革的目标，采用中心考试和个别考试相结合的方法。中心考试具有资格认定的性质，由日本“大学入学考试中心”主持，全国统一考试，性质和中国的高考非常类似。主要考查考生的高中教育水平，是基础性知识认定考试。个别考试比如有名的 AO（Admissions Office）考试就是依据考生的活动报告书、志愿理由书、论文等自我表现材料和面试表现，进行自荐入学。

2. 韩国高中生综合素质评价路径与实施

与日本不同，韩国实行分层组织管理，通过教育部、市道教育委员会和郡教育厅执行，针对学生的综合素质评价主要依据《学生生活记录簿》来进行。《学生生活记录簿》是以教育部训令为主要依据的一种反映学生综合素质的官方表格，该表格的填写十分严格，许多学生学习、生活的具体细节部分都必须如实客观并带有强制性地记录下来。如果想对《学生生活记录簿》的格式进行修订和改正，其步骤也十分麻烦，必须按照严格的程序和步骤进行。地方教育行政部门中的教育监是《学生生活记录簿》的具体监管和指导培训部门，其中委员都是由地方教育委员中无记名投票选出，且对他们的任期、职位等都有严格的要求。《学生生活记录簿》最终都要接受教育部和地方教育监的指导、培训和监督。

韩国《学生生活记录簿》的评价主体是学生和老师。《学生生活记录簿》可以全面反映学生的学科成绩、非学科成绩（出席志愿活动和体验活动等）及校外活动等方面，包括学生的基本信息、学籍转入与转出、出席状况、有无资格证及认证取得状况、学科学习发展状况、学生的行动特性、个人品行及综合意见等。韩国学生综合素质评价的主要方法是将学科成绩分为九个等级进行量化评价，并记录每个科目的原始分、平均分和标准差，同时学科成绩的不同等级还会按照学生的数量按比例进行分配。[①]《学生生活记录簿》通过完整、详细的综合观察和记录的方式对学生的学业成就和思想品德等方面的内容进行评价，可以为学生及其家长提供学生综合素质方面的相关信息，促进学生的自我成长，同时也为教师提供相关资料，使教师能够更了解学生情况，从而改进教学计划，促进学生综合素质得到发展，最终可以为上级学校和社会用人单位提供选拔依据。近年来，韩国大学的招生考试制度从单一考试逐渐发展为综合评价，在录取过程中越来越重视《学生生活记录簿》的作用，并将其成绩纳入大学入学总成绩当中。

对于《学生生活记录簿》的具体填写指导，则由韩国教育人力资源部负责。韩国教育人力资源部将《学生生活记录簿》以教育部训令的形式公

① 索丰. 韩国基础教育［M］. 呼和浩特：内蒙古教育出版社，2003：199－200.

布，为了使这一政策尽快落实到各个基层学校，同时也为了提高《学生生活记录簿》填写的信效度，韩国教育人力资源部开发出“学生簿向导”作为填写指南，这也为大学招生面试提供参考依据。此外，地方教育行政部门，特别是地方教育监也在韩国教育人力资源部的委托下针对《学生生活记录簿》的填写中诸多具体细节问题给予指导、培训。指导、培训的形式多样，具体包括教育专家的专题讲座、教育人力资源部针对他们所开发的“学生簿向导”进行现场答疑等。如果《学生生活记录簿》格式有所改动，还会专门针对具体改动进行专题讲解和答疑。

在监管方面，韩国教育人力资源部设置独立部门教育监，委托地方教育行政部门监督调控教育政策实施，并负责《学生生活记录簿》的具体监管。《学生生活记录簿》的填写情况、在评价过程中存在的问题、实施的效果监控等都在地方教育监职责范围之内，并且他们有权在法令或条例范围内，就其所属权限内的事务，对《学生生活记录簿》开展过程中的不合理行为和现象进行惩戒。

四、对日本、韩国综合素质评价模式的分析及借鉴

通过对日本、韩国两国优秀案例的分析，可以发现，目前我国国内综合素质评价中仍存在一些问题，比如全社会对综合素质评价的重视程度仍略显不足，甚至主要的评价主体——教师和学生仍存在“唯分数论”的思想，不利于综合素质评价的进一步推广。从发展趋势看，近年来日本、韩国均提升了高中综合记录材料在高校招生录取中的权重。[①] 从日本、韩国的综合素质评价方式可以看出，不管是《学业评价报告单》，还是《学生生活记录簿》，都代表着全方位、过程式的评价方法。任何一次考试，或者任何单一的考试内容、形式和方法都无法完整地评价一个学生。因此，日本、韩国都很重视表现性评价，日本广泛采用实际生活观察、论文、实验操作、自我评价、问卷、面试等多种方法对学生的出勤、身体健康、学习成绩、

① KWON S K, LEE M, SHIN D. Educational assessment in the Republic of Korea: lights and shadows of high-stake exam-based education system [J]. Assessment in Education: Principles, Policy &Practice, 2017 (1): 60 - 77.

行为和性格、特别活动、标准测验成绩等多方面内容进行评价，充分体现了“全人”评价的特点；韩国也在新的高考制度中实行，高考成绩只占50%，其他的成绩取决于平时的表现和社会活动情况，韩国采取灵活的录取方式，比如内审的录取方法，就是看学生平时学习成绩和在学校的表现，以这种办法录取学生。①

因此，我们要转变观念，用发展的观点看待综合素质评价。目前许多学生和家长不了解综合素质评价的目的，进而对综合素质评价的关注度降低。在实施综合素质评价前，应该要让学生明确综合素质评价的意义、原则、内容、方法及评价指标的具体内涵等，对此加强学习和认识。长此以往，学生和家长就会重视综合素质的评价，也能创造良好的评价环境，保证评价的正常实施。此外，各省市在制订综合素质评价方案时，就应当考虑到其导向功能，把综合素质评价体系作为激励学生发展的工具，真正发挥综合素质评价的引导作用。各学校在对学生进行培养时，也要将综合素质发展列入教学目标当中，使综合素质的培养和发展寓于日常学习、生活中。教育教学实践不仅仅要关注学生书本知识和技能的获得，更要关注学生的情感、态度、价值观等方面的发展。学校不仅要鉴定和评价学生的综合素质，而且要有相应的措施来培养和发展学生的综合素质。

推进我国普通高中生综合素质评价改革也应该建立全方位、开放性和更具弹性的综合素质评价标准。实际上，任何统一的、具体的标准都无法全面地评价一个人的素质，所以我们必须以全新的思维方式来考查和制定综合素质评价标准，这就要求综合素质的评价标准由片面走向全方位、由封闭走向开放、由刚性走向弹性。综合素质应该涵盖学生内在的、外在的、精神的方方面面，是一种全面且有机融合的整体性素质。目前我国仍然主要实行以单一考试为主的评价方式，要进行综合素质评价改革可以根据不同课程的目的、性质、内容和对象，选择相应的评价形式与方法，鼓励广泛采用多样化的考核方式，如课堂表现、作业情况、随堂测验、课题研究、论文写作、实验等，将日常评价、期末考试、升学考试等有机地结合起来，关注学生在学习过程和社会实践活动中体现出来的价值判断能力、思维能

① 曹建召．日本韩国高等教育制度的差异［J］．考试与招生，2019（3）：57－58．

力、创造力及社会责任感等，重视过程性评价而非结果性评价。

日本和韩国高校在招生录取中的自主性及由此产生的良好的招生效果，值得我们借鉴。我们需要强调综合素质的培养，关注学生个性成长，进一步激活高校在高中生综合素质评价及人才选拔中的自主性和积极性，进一步释放自主招生院校的招生录取活力。日本、韩国的高招录取方式体现了“以学生为本”的理念和思想，为学生提供更多的录取机会，我们也应积极探索更加符合我国国情和地方特点的录取方式，既强调录取的科学性、规范性，也强调灵活性、创新性，将真正实施个性化教育，把培养综合素质素养的理念融入高考制度当中，把高中阶段的考试和测评、高校的自主考核和录取、国家的统一考试和录取相结合，为学生的个性成长和特长发挥提供更大的空间，也为学生提供更多、更好的能获得进一步深造的渠道和平台。

第二节 美国、英国——西方文化下的教育模式

一、美国、英国高中生综合素质评价的概况

除了与我国教育文化背景相似的典型案例以外，我们也要看到欧美等发达国家对于教育研究与实践的整合。美国是联邦共和制国家，其教育行政组织管理也同样采用地方分权制，其教育权力归属于地方；英国则较为特殊，教育行政组织管理体制属于中央、地方、教师及民间团体相互之间形成的“伙伴”关系。美国的综合素质评价体系特点在于其多元主体进行的综合评价；而英国主要的评价方式和手段则是“课程作业”（Centre-assessed Coursework）和“受控评价”（Controlled Assessment）。

二、选择美国、英国样本的理由

虽然美国、英国与我国的教育管理制度存在较大的差别，但两国所代表的西方国家所实行的教育制度和综合素质评价体系各有特点，仍值得我

们关注。纵观发达国家对学生的评价，其共同特点就是建立多元化、全方位、开放性的评价标准和方法。而我国综合素质评价是中国教育政策语境下独有的概念，从某种意义上说，综合素质评价既是一种评价观，又是一种评价方式和体系，它是我国教育主管部门为了扭转唯分数、唯考试等弊端而推出的一项带有引导性的改革举措。因此，我们需要借鉴国际主流评价经验，再与我国实际情况相结合，从政策的、发展的观点来推动我国综合素质评价的健康良性发展。

从理念方面来看，个性化教育一直是欧美社会所倡导和推崇的。他们的个性化教育理念纵横贯穿于课程改革、教育评价等教育体系的各个领域。而个性化教育的核心就是要尊重学生的个性，关注学生个体差异，调动每一位学生全面发展的主观能动性，发展和培养学生的独立人格，提升个体素质，这与我们所讨论的综合素质培养体系有着同样的精神内核。

从先进性和成熟性方面来讲，发达国家目前已经建立了完善的教育质量管理制度及比较成熟的高校招生录取制度。这种制度可以视作国际教育大环境下“综合素质评价”实施的一个侧面，无论是理论研究还是实践做法，都较国内来说积累了更为丰富的经验①，因此，发达国家的教育理念和教育评价中的一些经验和做法值得我们借鉴。

此外，从教育质量和教育公平性方面来讲，和选择日本、韩国样本时相同，我们优先选择优质均衡的教育模式，指向既公平又有质量的教育。我们依然采用经济合作与发展组织关于优质均衡的基本界定作为分析标准。教育优质均衡地区集中于特定地域和文化圈，其中就包括美国、英国等，分析其近 20 年成就水平与均衡情况的发展，可以发现英国的教育质量与均衡水平整体明显高于经合组织国家的平均水平，美国教育质量变化幅度不大，但近年来教育均衡情况有较大水平提升。同时，我们通过文献分析，发现他们的基础教育公平政策实施表现出了明显的实践效果，体现了教育理念的发展，呈现了教育重心的转移。

综上所述，尽管它们的文化背景、教育传统和教育管理体制与我国都

---

① 刘志林，尹亚东. 高中学生“综合素质评价”的国际比较研究：基于美国、英国、日本、新加坡的多案例研究［J］. 教学研究，2018，41（4）：106－112.

有所不同，但在高中生综合素质评价方面，的确有一些特点值得我们关注。

三、美国、英国高中生综合素质评价路径与实施

1. 美国高中生综合素质评价路径与实施

西方文化的代表美国有着与我国完全不同的教育组织管理体制，其教育权力归属于地方，联邦政府仅对地方教育行政部门和高校有指导培训和服务的职能，并不直接参与各高校的组织管理工作。其中，高中生综合素质评价的组织管理主要由政府宏观调控，高校组织实施，教育考试机构提供服务，高中学校提供课程与成绩，其他相关组织机构与个人提供相关证明材料。换句话说，美国大学招生的过程实际上就是对学生进行综合素质评价的过程。由于美国的大学都是高度自治的，各高校并没有一个统一的入学招生标准，但各有差异的招生制度背后，蕴含的是统一的综合素质评价理念。

与日本、韩国不同，美国高中生综合素质评价没有专门的记录材料与文书证明，美国大学招生时要考查的学生信息主要包括六个方面：大学先修课（即 AP 课程）成绩、标准化大学入学考试成绩、高中各科平均成绩点数（简称 GPA）、自荐信和推荐信、学生的社会参与能力、考查学生展现出来的并可证实的兴趣，由定量的学业测试和定性的非学业测试两个部分构成。① 学业测试部分大部分是标准化考试，属于量化的评价方法，如 SAT、ACT、AP 和 IB 测试。其中，SAT、ACT 是在美国广泛应用的大学入学考试，作为申请者必须提供主要考试成绩。值得注意的是，美国立足过程性评价，而不是仅靠终结性考试作为唯一的评价指标。这些终结性考试不等于终结性评价，终结性评价由过程性评价积累而成。比如美国中学学生的学科成绩，由任课教师根据学生的考试、课堂表现、小测验、课题、作业情况、出勤率等进行评价，最后作为终结性评价的依据。学生的 GPA 由各门课程成绩进行综合计算得到，从而保证了最终评价的科学性。此外，

① John Thelin. A history of American higher education [M]. Baltimore: Johns Hopkins University Press, 2004: 19.

还需要考虑非学业测试部分，这一部分主要是通过语言描述的方式，申请者需要提供自荐信或推荐信，陈述的内容包括教育经历、工作经历及多方面能力素质，如学业成绩、学术潜能、创造性思维、批判思维、领导力、关心他人、尊重师长等，它们大都是等级或者评语，属于定性的评价方法。定量评价与定性评价相结合，从而能够较为全面、客观地获取申请者的相关信息。与我国不同的是，呈现在入学申请书上的美国高中生综合素质评价不仅仅是作为录取学生的参考，在评价定位与功能方面，是作为判定其能否进入大学的重要依据，而综合素质评价是入学申请书的重要考评内容，属于一种高利害评价。

在指导培训方面，美国也与之前提到的日本、韩国不同，他们的指导与培训主要针对的是高校的招生人员，指导培训的主要目的是正确、有效地建立学生档案，招生人员必须十分清楚招生策略、目标及招生方案。此外，美国的招生人员还需要具备公关能力、营销能力及资料分析能力，他们需要学习接待客人的技巧、文件处理的能力，还要拓宽自己知识面，具备更全面的综合素质。

另外，由于美国在学生的综合素质评价中涉及参与的主体十分多元，因此互相提供的信息可以得到印证，这使得美国在综合素质评价的监督方面存在天然的优势与便利。此外，美国高校还设置了“招生委员会”这一专门机构来审查申请者所递交的申请书，同时美国地方性认证机构和大众媒体也从其他角度对综合素质评价的过程进行监督。

2. 英国高中生综合素质评价路径与实施

要清晰地理解英国教育组织管理的模式及综合素质评价的过程，就不得不从英国资格与课程局（Qualifications Curriculum Authority，QCA）说起。QCA 不仅要负责普通中等教育证书（General Certificate of Secondary Education，GCSE）课程标准的制定及考试标准的协调，对考试做出评估，对不同考试委员会，如 AQA（评价与资格联盟）、Edexeel（卓越教育委员会）和 OCR（牛津剑桥考试中心）之间的均衡性、协调性和一致性进行调查监督，还要在通用教育证书（General Certificate of Education，GCE）考试或 GCSE 考试中组织管理中心评审课程作业和受控评价。课程作业和受控评价是英国学生综合素质评价的主要评价方式和手段，高中或大学评估中心会根据课程计划、教学大纲等制定目标和任务，用一系列手段评价学生实际表现，并与成绩挂钩，按一定的权重或比例计入总分当中。

课程作业一般是教师针对课程目标和任课安排，在教学过程中以任务形式安排给学生，要求其完成，并在完成课程作业的过程中，确保由学生本人亲自实施，学生在利用相关资源和查找资料过程中是否保证诚信也在课程作业完成质量的评价范畴内。2014 年 3 月，根据不同学科的特点，AQA、Edexcel 和 OCR 三个英国最主要的第三方考试服务机构/中心共同确定 GCSE 在不同学科中“课程作业”所占的权重、具体内容及最后完成期限。[①] 受控评价提供的则是更为直接的评价，其大部分学科都是以学生当堂直接递交课程作业单的形式进行评价的，主要评估特殊能力，如艺术设计、戏剧和表演等。课程作业和受控评价的功能与定位目前已十分明确，作为英国高中在全国性外部统一考试（GCSE 考试和 A-Level 考试）中的一部分，其成绩分数会作为大学入学成绩分数的重要组成部分，同时也会作为高中生在高中毕业后进入大学学习或者社会工作的重要参考依据。

值得一提的是，英国 GCSE 考试也是一种重视过程性评价而不是终结性评价的考试制度体系。其具体的实施规则是在高中前两年分几次进行，绝大多数情况下会在某门课的课程告一段落时进行一次 GCSE 考试，考试成绩按一定的权重纳入总成绩当中。GCSE 除了考试成绩外，还包括平时学科作业（Course Work）成绩，并占有一定的权重，具体权重按科目来说各不相同，但一般不少于 20%。这种评价方式规避了“一考定评价”的弊端，学生不可能靠投机取巧或者一时突击获得好的评价。

确保课程作业和受控评价的信效度则由评价与资格证书联盟（The Assessment and Qualifications Alliance，AQA）负责。AQA 会在每年秋天为广大一线从事评价活动的教师举行课程作业评分标准化培训。在培训过程中，AQA 会对如何设计合理的课程作业任务和如何制定合理的评分标准进行细致的讲解，从而保证在同一标准下公平、公正、公开地评定每一位考生的

---

① 王璐，王向旭．英国普通中等教育证书（GCSE）考试现状与改革趋势研究［J］．外国中小学教育，2014（4）：60－64，59.

测试成绩。而评分标准的制定则更为细致，AQA 的负责人会召集许多教师，同时给一些课程作业进行试评分，然后根据大家的评分数据区分出不同类别的评分标准，并开会逐一进行讨论，最终确定一种统一的合理的评分标准进行评分。在每年召开的教师培训会议上，AQA 也会向所有参会教师发放参考书目及档案材料，比如先前对一些作品的评分案例或 AQA 提供的一些评分样本等，从而保证评分标准化。

AQA 采取签署声明的方式来确保申报考生材料的真实性。在签署声明之前，AQA 会将申请者在完成课程作业的过程中可能会出现的违规行为及其后果清晰地告知申请者。此外，教师在监督过程中起着至关重要的作用，教师在日常工作中会对每位学生的能力水平进行一定的了解与评估，当考生所递交的课程作业明显超出了他的能力范围时，教师一般可以在第一时间发现。当然，教师也会被要求同时签署一份评分鉴定结果的声明。如果教师没有按规定操作实施，一经 AQA 审查发现，该考生的作品将被视为无效，而教师也会受到严厉的惩罚。AQA 还设置了仲裁员，对学生的课程作业进行监督，教师在将课程作业的评价分数递交 AQA 进行复查时，也同时要把部分课程作业邮寄给随机分配的仲裁员进行抽查，仲裁员会对作业重新进行打分，再将新的分数与教师原有的评分对比，如果两次分数差距较大，AQA 可能会改变原有的分数等级，而且学校必须为可能的调整做好充分的前期准备。

四、对美国、英国综合素质评价模式的分析及借鉴

从精神和理念层面，核心素养是在全球化、信息化与知识社会背景下提出的。我们必须明白，站在时代大背景之下，各国综合国力的竞争已经从过去的生产力水平的竞争转为人才之间的竞争，正是在这样的背景下，各国纷纷出台了新时期本国、本地区人才的核心素养框架，因此，它是对“教育要培养什么样的人”这一重大理论和现实问题的回答，建立以核心素养为导向的评价与反馈系统是各国或地区推进 21 世纪核心素养教育的重要

抓手。[①] 目前在我国，综合素质是教育评价领域改革所提出的一个独特的政策概念，而核心素养则是教学和课程领域改革的学术概念。两者有着相似的精神内核，却因提出的背景、适用的范围不同而很少被同时提起，由此产生的分裂在一定程度上造成了我国综合素质内涵模糊的状况。因此，未来应以核心素养的理念，提升综合素质评价的导向性，使综合素质这一概念能够更突出地体现时代特点，能够具有更加明确的方向性，真正地将教育过程中的评价手段与我国需要的人才培养目标紧密联系起来。一方面，可以使综合素质评价的目标落到实处，真正地为人才培养做出贡献；另一方面，也可以使综合素质的评价有据可依，有着更为科学的理论基础。

我们分析美国、英国综合素质评价体系可以发现，虽然两国的评价措施略有不同，但其背后共同的特点都是有完备的评价流程，而国内的综合素质评价仍未形成体系，存在监督和指导方面的巨大漏洞，导致高中生综合素质评价的信度和效度都存在问题。且我国综合素质评价的结果如何运用仍不清晰，这既不利于利用综合素质评价的模式为高校挑选出全方位发展的人才，也阻碍了学生综合素质评价在高中阶段的应用和推进。我国高中生综合素质评价在实践中也要逐步完善组织管理制度，不断健全指导培训体系，切实规范运行操作模式，逐步建立监督调控制度。目前我国综合素质评价的政策多倾向于明确评价内容方面，对于综合素质评价中如何组织管理、如何指导培训、如何监督等环节仍没有明确的规定。美国、英国都设立了专门的部门和机构来对综合素质评价过程全程进行把控，包括评价过程中存在的不明确、不清晰等问题，确保综合素质评价结果准确。[②]

其中，组织管理是整个高中生综合素质评价机制中的动力部分。组织管理是否科学、完善，不仅影响整个高中生综合素质评价组织管理体系能否充分发挥预期的功能，而且决定着我国整个高中生综合素质评价改革能否顺利有效地推进。因此，在高中生综合素质评价改革过程中，我们必须关注高中生综合素质评价组织管理的研究与构建，厘清各级部门间的联系，

---

① 刘晟，魏锐，周平艳，等. 21世纪核心素养教育的课程、教学与评价［J］. 华东师范大学学报（教育科学版），2016（3）：38－45.

② U. S. Department of Education. Strategic Plan for fiscal Years 2007-12［R］. Washington, D. C., 2007：15－18

明确组织管理的主体构成及组织管理的机理，使各部门、各主体之间配合协调。

在指导培训方面，政策制定者及相关的管理职能部门要负起责任，对政策实施的指导者、理论研究者及教师对学生综合素质评价运行操作相关主体，包括学生、家长、教师、校长及负责综合素质评价实施的教育行政部门进行理论与实践指导培训，需要建立一套完整科学的指导培训体系，并切实规范运行操作模式。我们要明确综合素质评价运行操作所涉及的几个环节的内在联系，使评价主体、评价对象、评价理念、评价目标、评价内容、评价标准、评价方法及评价结果的运用等要素成为一个有机、畅通、科学的整体。此外，还要加强评价反馈制度的建设。例如，建立各大高校对学生综合素质的追踪反馈制度。可以在进行过综合素质评价的高三学生进入大学一段时间后，组织高校对其综合素质实际状况进行追踪评估，从另一个主体的角度去检验普通高中学校综合素质等级评价的“可信度”和“真实度”，评价结果可以反馈给教育主管部门和各高中学校。这也有助于教育部门和各高中学校及时反思，对综合素质评价中存在的漏洞及时进行补救、修正。

另外，在高中生综合素质评价实施过程中，需要一套较为科学、完善的监督调控体系来对高中生综合素质评价的组织管理、指导培训、运行操作进行不断的监督和调控，从而推动高中生综合素质评价改革顺利实施。政策制定者虽然不能对该政策将要带来的结果有准确的预测，但他们可以针对在政策运行操作过程中可能发生的问题，建立一套预警或者调控机制予以保障。① 为了保证综合素质评价的科学性和有效性，要不断建立和完善综合素质评价的诚信保障制度。各省、市、地区可以建立校长诚信制度、评价项目抽测制度、年度非诚信学校公示制度及责任追究制度，以此加强对学校综合素质评价工作的监督和管理。各学校还可以组织学生、家长、教师一起讨论、制定综合素质评价的实施细则，对于综合素质评价中的模糊问题，教育局应当召开相应的培训和指导会议来解决一线教师评价中的

---

① 王小明．普通高中学生综合素质评价机制的现状及启示：基于美、英、日、韩等四国的比较研究［J］．教育探索，2017（1）：114－121．

问题。此外，我们可以借鉴美国、英国的做法，向社会开放学校综合素质评价的全过程，引导社会人士的参与，利用大众传媒的力量对综合素质评价进行监督宣传。[①] 比如美国允许社会各界参与基础教育改革，于2002年成立“21世纪技能合作组织”，制定了21世纪技能框架，教育界、商界、社区和政界等进行联合，形成合力，共同为教育界出谋划策。

在文献分析和案例比较中我们还发现，美国、英国，包括前一节中提到的日本，三个国家都在教育领域建立了较为完善的法律体系，无论是在教育主体的权利与义务上，还是教育经费的使用及分配上，都在教育法律中予以明确，我国的教育法律体系尚不完善，就可能导致综合素质评价体系存在漏洞，若政策得不到有效落实，就可能让此过程中的一些主体利益得不到保障等。这一点值得我们思考和警醒，在改革过程之中要确保有法可依，并借助网络平台、新闻媒体，加大对各级政府及教育机构管理行为的监督。

表3-1所示为日本、韩国、美国、英国四国学生综合素质评价机制比较分析。

表3-1　日本、韩国、美国、英国四国学生综合素质评价机制比较分析表

国家	教育行政管理模式	评价方式	评价内容	评价主体	指导培训	监督调控
日本	中央统一管理与地方自治相结合	学业评价报告单	学科、综合学习时间和特别活动	学校	地方教育委员会事务局	地方审查：地方教育委员会事务局所派的技术员和事务员。中央审查：文部科学省的初等中等教育局
韩国	中央统一管理的分层组织管理	学生生活记录簿	学科成绩、非学科成绩（出席志愿活动和体验活动等）及校外活动等	学校	韩国教育人力资源部开发出“学生簿向导”作为填写指南；地方教育监	设置独立部门教育监

① SABATIER P A. The advocacy coalition framework: revisions and relevance for Europe [J]. Journal of European Public Policy, 1998, 5 (1): 98－130.

续表

国家	教育行政管理模式	评价方式	评价内容	评价主体	指导培训	监督调控
美国	地方分权制，其教育权力归属于地方	标准化考试（SAT、ACT、AP、IB），自荐信（评语）	学业测试：大学入学考试，平均绩点 GPA。非学业测试：自荐信或推荐信	高校	针对高校招生人员，培养公关能力、营销能力及资料分析能力等综合素质	招生委员会，多元主体，地方性认证机构，大众媒体
英国	地方组织管理的国家制度	课程作业和受控评价	学习态度、技能和实践活动能力	政府	评价与资格证书联盟（AQA）	AQA 签署声明，设置仲裁员，教师

第三节 京、沪、浙——国内本土优秀实践案例

一、京、沪、浙高中生综合素质评价概况

2014 年，教育部发布《关于加强和改进普通高中学生综合素质评价的意见》，明确了我国高中生综合素质评价的内容，包括思想品德、学业水平、身心健康、艺术素养、社会实践五个方面。① 综合素质评价是我国基础教育改革不断深化的产物，是推进素质教育需要而实施的全新的评价内容和范畴，直至最新一轮的高考改革，综合素质评价的重要性被提升到了前所未有的高度。

2006 年，在认真研究《普通高中课程方案（实验）》（教基〔2003〕6 号）的基础上，北京市教委研究制定《北京市普通高中学生综合素质评价方案》（京教基〔2007〕16 号），并于 2007 年 9 月在全市试行；2015 年 4 月，浙江省教育厅制定并公布《浙江省教育厅关于完善浙江省普通高中学生成长记录与综合素质评价的意见》（浙教基〔2015〕45 号）；2015 年，

① 教育部关于加强和改进普通高中学生综合素质评价的意见（教基二〔2014〕11 号）[A/OL].（2014-12-16）[2021-05-20]. http://www.moe.gov.cn/srcsite/A06/s3732/201808/t20180807_344612.html.

上海市颁布《上海市普通高中学生综合素质评价实施办法（试行）》（沪教基〔2015〕30 号）。两市一省均将思想品德评价放在首位，均将综合素质评价分为对学术能力与非学术能力的两方面评价，均采用自我报告的质性评价手段，均坚持以学生为本的理念思想，并且都将评价结果作为高校招生录取的重要参考。但同时三地在评价内容及结构、评价方法、监督调控及评价结果的运用上存在着具体的差异。鉴于此，我们试图对北京市、上海市及浙江省的普通高中生综合素质评价方案进行展开说明和分析，发现三地方案之间的异同，剖析其优缺点，为我国整体高中生综合素质评价的发展提供可行性建议。

二、京、沪、浙三地样本选择的理由

在选择国内优秀样本时，我们将目光投向经济相对发达、教育资源相对丰富且教育质量水平较高的地区与城市。

首先，北京市高中生综合素质评价方案是在综合先行改革的全国其他省市经验的基础上制定的，在实践中也经过一系列深入的培训和研讨，从整体而言，推进积极稳妥，并且在此过程中形成了许多宝贵的经验可供参考。2005 年，北京市第一批参加课程改革的海淀区就已经率先出台《北京市海淀区 2005 年初中毕业生综合素质评价实施方案》（海教办发〔2005〕19 号），代表着北京市综合素质评价试点研究正式启动。时至今日，北京市依然是全国高中生综合素质评价实践的领先地区及示范区。此外，北京市是我国的首都，其教育政策的变化势必会对全国其他地区产生巨大的影响，作为模范和样本，其关于普通高中生综合素质评价的方案具有很高的分析和借鉴价值。

其次，在新高考改革的大背景下，上海市和浙江省在 2014 年教育部发布的《国务院关于深化考试招生制度改革的实施意见》中被定为高考改革最先试点城市和省份，因此上海市和浙江省的评价方案具有先导性和引领作用，同样具有重要的分析价值。同时，上海市和浙江省两地一直积极贯彻综合素质评价的理念，在教育实践中重视对学生综合素质的培养，从 20 世纪 90 年代起，上海市部分模范中学就将德智体美劳“五育并进”纳入学校三年发展规划，整合思想教育、课堂教学、课外活动等，融入学校发展的方方面面。在“十四五”规划中，这些学校也明确坚持“五育融合”，以培养学生的核心素养为导向，进一步优化学生综合素质评价机制。[①] 浙江省在积极响应新教改形势的同时，以高考综合改革为攻坚点，努力完善过程性评价体系，在努力保障教学质量的同时培养学生的综合素质。

因此，我们选择京、沪、浙三地作为国内综合素质评价的案例样本进行分析，在归纳总结优秀经验的同时发现可以进一步改进的方面，为我国高中生综合素质评价体系的建立提供启示。

三、京、沪、浙三地高中生综合素质评价路径与实施

北京市在高中生综合素质评价工作中逐步淡化选拔性功能，将其功能定位于发展。2007 年，《北京市普通高中学生综合素质评价方案（试行）》（京教基〔2007〕16 号）在强调综合素质评价发展性功能的同时，指出“高中学生综合素质的终结性评价结果，要为高中学生升入高等院校或走上社会参加工作提供参考”。但在 2010 年，《北京市教育委员会关于修订〈北京市普通高中学生综合素质评价方案（试行）〉的通知》（京教基〔2010〕26 号）将有关作为升学参考的表述删除。这表明北京市将综合素质评价的关键及核心功能定位于促进学生的发展，这种功能定位也保证了北京市高中生综合素质评价有着正确的出发点，催生了一些通过发展综合素质评价促进学校质量提升的案例。

此外，北京市针对综合素质的概念来设计基础指标和发展指标，将其用关键表现来表示，具有较好的操作性。北京市采取三级划分的方式，将综合素质评价包含的内容转化成行为指标来进行评判。2010 年，北京市教育委员会修订并发布了《北京市普通高中学生综合素质评价方案（试行）》（京教基〔2010〕26 号）。该方案将高中生综合素质评价内容划分为思想道德、学业成就、合作与交流、运动与健康、审美与表现及个性发展六个方面，相应的构成六个一级评价指标，在这六个一级评价指标之下，又更为细致地划分了 16 个二级评价指标（比如知识技能、学习能力、学业情感

① 刘艳丽．高中生综合素质评价校本化实施探析：以上海市南洋模范中学为例［J］．现代教学，2022（C2）：144－146．

等）和37个三级评价指标（比如各学科基础知识和基本技能水平、在相关学科和实际生活中的应用水平、问题解决能力、信息能力、自主学习与独立探究能力、反思能力、学习态度、学习兴趣、学习意志、学业价值观等），并选择使用《北京市普通高中毕业生综合素质评价报告册》来辅助记录学生的综合素质情况，该手册可以完整体现以上所有指标，并对学生的综合素质发展情况进行细致的评判。

较为特别的是，北京市真正贯彻了多元主体评价法。北京市高中生综合素质评价方式除了学生的自我评价外，还涉及同学之间的观察与评价，这一评价主体是在国外和国内其他案例中较少出现的。这种探索改变了以往评价者在评价中对学生所持的单方面评判的居高临下的态度，促进了师生之间、生生之间的沟通。更为关键的是，在这种评价安排中，学生始终以主体的身份参与其中，随时能看到自己的进步与不足，从而不断提升自我教育的能动性，促使自我主动发展。此外，北京市还充分利用电子信息技术，建立了普通高中生综合素质评价电子平台来辅助评价工作的开展，实现学生学习过程和效果的全方位评价。

2015年，上海市颁布了《上海市普通高中学生综合素质评价实施办法（试行）》（以下简称《实施办法》），该文件规定上海市高中生综合素质评价的内容为品德发展与公民素养、修习课程与学业成绩、身心健康与艺术素养、创新精神与实践能力四大方面。为了更好地应对高考改革试点工作，上海市还在2014年9月颁布了《上海市深化高等学校考试招生综合改革实施方案》，正式提出了“两依据一参考”的高校招生改革框架。两个依据分别指高校在招生时需要依据学生的高考成绩和学考成绩，一个参考指高校招生时还需要参考学生综合素质评价结果。上海市已经形成完整的综合素质评价体系，主要内容根据《实施办法》中提到的四大方面划分为相应的四大部分①：品德发展与公民素养主要包括学生遵守日常行为规范、参加志愿服务（公益劳动）、党团活动等情况；修习课程与学业成绩包括学业水平考试成绩、基础课程与拓展课程的学习情况及奖励或证书的获得情况；

① 《上海市普通高中学生综合素质评价实施办法（试行）》.（2015.3.9）[2017.5.27]. https://wenku.baidu.com/view/71ed4e0402768e9950e73852.html? wkts_z1693903620101.

身心健康与艺术素养包括艺术实践经历与水平、运动经历与水平以及《国家学生体质健康标准》测试结果；创新精神与实践能力主要指研究性学习水平以及学生参加科技活动、取得创造发明专利等情况。上海市“创新精神与实践能力”这一素质考核内容强调了创新实践内容的评价，体现了高考改革价值取向上的特色，能够引导各大高中重视实践能力和创新能力的培养，符合知识经济时代背景下人才培养与评价的改革方向，也与我国新高考改革的最终目的不谋而合。

2015 年 4 月，浙江省教育厅在教育部《关于加强和改进普通高中学生综合素质评价的意见》的基础上，结合浙江省自身的教育情况及特点，制定并公布了《浙江省教育厅关于完善浙江省普通高中学生成长记录与综合素质评价的意见》，该文件明确将浙江省高中生综合素质评价内容分为五个方面，分别为品德表现、学业水平、运动健康、艺术素养、创新实践。品德表现具体包括品德操守、责任义务和行为习惯；学业水平包括必修科目及成绩、选修模块及成绩，以及学科特长和竞赛获奖情况；运动健康分为课程修习与达标情况、运动技能与体育特长两部分；艺术素养分为课程修习与鉴赏水平、技能表现与艺术特长两部分；创新实践则包括实验及技术操作能力、研究性学习成果和社会实践。对以上五个方面进行等级评定，结果分为 A、B、C 三等，分别代表“优秀”“好”“尚需努力”，最终得出普通高中生综合素质的评价结果，并记录在毕业生综合素质信息表中。同时，浙江省规定，高中学校要将毕业生的综合素质主要信息记录和档案提供给高校作为招生录取参照。等级评定法的一大好处就是省时省力，简单明了，直接给各项指标评定等级比较方便快捷，而且由于有了评定的等级，学生之间综合素质的比较就有了一个更加清晰明确的依据。

同时，科技的发展为评价的具体操作提供了必要的技术支持，浙江省教育主管部门充分利用互联网和计算机应用技术建立了统一的大数据信息平台，实现与教育部、各大高校、辖区内各普通高中评价信息的共享。只要学校、班主任、学生、家长等在不同的终端口输入学生的相关信息，对该生客观准确的评价就会生成。这种做法既促进了学生的成长和综合素质的提高，又为高校的录取提供了重要依据。调研发现，浙江省省级“双重点”“单重点”普通高中基本上实现了数字化与信息化，个别高中甚至实现了半智能化（浙江省有浙大附中、学军中学、杭州二中等）。学校在校门口、学生宿舍楼、教室内外、重大活动场所安装了智能摄像头或指纹、头像识别系统，把学生的考勤、上课、生活与活动等日常表现拍摄下来或记录下来，再转化为评价记录，能准确记录和评价学生在日常学习和生活中的点滴，促进学生综合素质的提升。① 同时，浙江省各高中还会双管齐下，通过学校或班级组织活动，对学生在活动中的表现进行打分或划分等级，采取素质提升教育与考核纪录同步进行的办法，评价学生的综合素质，也取得了良好的效果。

将三地的综合素质评价手段放在一起进行比较，我们发现，三者存在一些共同之处，比如都采用自我陈述这一质性评价手段和写实记录的方法。自我陈述这一方法其实就是借鉴了我们前面提到过的来自欧美发达国家的一项比较科学和典型的评价方式。学生在自我介绍中陈述自己典型的具有代表性的行为或活动，从而表达自己的兴趣志向，展示自己的社会责任感，等等。这有助于通过自我报告的方法，从学生的角度获得难以通过考试和平时成绩反映出来的学生情感、态度、价值观、思想逻辑、个性品质、兴趣爱好、生活经历等方面的非智力信息。这一质性评价手段最大的特点是具有立体性，可以从新的角度，从特殊的主体出发，评价学生的表现及精神风貌。上海市与浙江省都在文件中明确规定了写实记录法是综合素质评价的方法之一。北京市虽然没有明文规定，但是其电子平台的使用及报告手册的填写都反映出需要运用写实记录法。写实记录法将繁多的记录描述工作放到了平时的活动过程中，这不仅可以为师生减负，还可以提高结果的可靠性。

四、对京、沪、浙三地综合素质评价模式的分析及借鉴

通过对以上三地高中生综合素质评价的案例分析，我们发现了一些可供其他地区借鉴、学习的优秀经验，但同时也存在一些问题。

第一，我国目前大多数地区对于综合素质这一概念仍没有明确的界定。

---

① 王旭泽，姚基．大数据时代学生综合素质评价差异化现象研究：新高考背景下浙江、北京普通高中学生综合素质评价的校本实施比较研究［J］．中国教育技术装备，2020（5）：59－61．

从起源上说，综合素质是针对教育实践中片面追求考试分数和升学率而提出的，通常意义上的综合素质指的是学科测验所不能体现的其他各种素质的总和。全国大多数地区都参照《教育部关于积极促进中小学评价与考试制度改革的通知》（教基〔2002〕26号）中有关规定，设计内容指标，但对北京市进行案例分析时我们会发现其与众不同，北京市教育委员会在有关文件中将“学业成就”也纳入综合素质评价指标体系，且在其下设计了“知识技能”“学习能力”“学业情感”3个二级评价指标。这就引发了我们对到底应当如何界定综合素质、综合素质应包括哪些重要成分等概念，以及我国目前高中生综合素质评价指标中哪些维度的指标设计不合理、内容效度不理想的思考。在综合素质究竟是什么都无法清晰界定的情况下，其评价指标设计的内容效度自然无法得到准确科学的分析。具体到二级评价指标内部，尽管指标内涵已相对明确，但其内容效度仍然容易出现问题。以北京市所设计的“学习能力”为例，从教育心理学的角度来看，它应当包含注意、感知觉、记忆、问题解决、批判性思考和探究能力等多种复杂的能力，但在北京市的综合素质评价指标体系中，“学习能力”下所设计的二级评价指标分别为学习兴趣、学习方法和探究能力，而学习兴趣本身从概念上来讲并不属于能力的范畴，同样学习方法被看作是一种潜在能力也有些牵强，显然，这样的设计内容效度存在问题。

因此，我们需要对综合素质的概念内涵进行深入分析，明确关键表现指标。建议各省市的相关教育部门和研究人员及综合素质评价的政策制定者对综合素质的概念进行深入分析，提出新的操作性定义，对关键表现指标再一次进行明确。在初步探索时可以不用追求指标的全面和细节，而需要抓住重点、难点，根据当前社会的发展和经济的需要明确若干关键指标即可。并且在设计指标过程中考虑到统一的规定与学校具体情况相结合，适度放权给学校，以体现每所学校的办学特色，鼓励学校将综合素质评价与学校传统教育教学体系贯通起来，使综合素质培养与评价工作更好地融入日常实践工作中。

第二，我们需要致力于将普通高中生综合素质评价与高考实现“硬挂钩”。综合素质评价结果如何更好地使用，是当前我国综合素质评价乃至我国整个教育界面临的重要问题。之前提到过的高考改革新方案的“两依据一参考”，虽然将普通高中生综合素质评价纳入了高考机制中，但依旧仅是“参考”，没有成为招生录取的依据之一。如何“参考”，“参考”到什么程度，目前仍没有具体的政策规定。从各省市颁布的有关高中生综合素质评价的相关实施方法和意见来看，普遍都倾向于“只记录不评价”的原则，极大程度上回避等级比较的问题，这也给高校的录取过程造成了很大的困难。长此以往，综合素质评价的相关材料由于过于庞杂，难以在高校的录取过程中提供借鉴和参考价值，会失去其功能性。或许其他省份也可以借鉴浙江省模式，直接将普通高中生综合素质评价结果按比例合计到高校招生录取依据中，这样更能切实地实现普通高中综合素质评价与高考的“硬挂钩”，推动基础教育由传统的应试教育向综合素质教育和核心素养教育方向转变。[①] 无论如何，将综合素质评价逐步纳入高考改革体系中，将会慢慢影响人们的传统教育价值观，改变以分数定终身的局面。

要进一步推动我国高中生综合素质评价改革，应该强调自主招生高校的评价主体地位。让高校成为综合素质评价主体，有利于减轻高中学校综合素质评价的负担，同时在一定程度上降低高中学校对学生综合素质虚假评价，以夸大本校的教学质量水平的可能性，有利于保障评价的真实性和公平性。建议高中学校只发挥“写实记录的中介机构”这一身份作用，让高校根据自身需求对学生综合素质记录内容进行分析、选择，有利于高校招收到真正符合要求的人才。同时各大高校也应该明确自身的优势和人才需求，建立科学有效的普通高中生综合素质评价筛选机制，以高中学校提供的综合素质档案为基本参考来对考生进行评价与筛选，这样才有利于高中生综合素质评价进一步标准化、公平化和科学化。

第四节 总 结

观察综合素质评价取得的成绩，可以发现，随着综合素质评价的推动，无论是学生还是家长都更加重视综合素质的发展，“唯分数论”的理念正在

---

① 栾泽. 高考改革综合素质评价冷思考［J］. 当代教育科学，2017（4）：32－36，45.

逐步淡出，综合素质的普及和推广必然会对继续深化高考改革、促进教育长远发展具有重大意义。但是综合素质评价并不是一个可以单纯停留在理念层面的定义，必须要在实践中积累经验并进行改造，在不断完善其自身的真实性、可靠性之后才能推广。这种推广的过程，并不是随着一时热潮，单一地将理念推广，大刀阔斧地全面改革，而是需要脚踏实地、一步步去解决我国现有的问题。任何先进的理念要转化为可以在实践中具体操作的模式，都要经历一个相当长的探索过程。在这个过程中，我们需要不断地对国内外优秀的案例进行分析和借鉴，学习前人的经验，对综合素质评价中所出现的一些问题，进行总结、交流与改进，从而使其真正发挥作用，建立起属于我国的高中生综合素质评价体系，为高校挑选出真正全方位发展的人才。

改革并不是一蹴而就的，在新高考改革的推动下，高中生综合素质评价会越来越受到各方重视，其实践进程任重而道远。我们在分析、比较国内外的优秀案例后，需要反思目前我们在综合素质评价中存在的问题，进行取长补短。分析历年来国内外的成功样本，我们发现，综合素质评价与制定周密翔实的综合素质评价条例及条例的科学实施这两方面密不可分。评价标准完善可行、实施过程周密翔实、成绩评定客观公正、实际应用顺畅有效，要实现这几点绝非易事，这一事业也需要中央教育方针政策的统一引导、高校人才选拔观念与方式的革新、一线教学教育理念的转变，以及学生及其家长的观念转变，需要各方协同努力，才能最终实现综合素质评价的根本目的，即学生全面而有个性的发展。

第三章

综合素质评价的价值取向

教育评价是教育领域中的关键组成部分，通过教育评价，可以科学地评估学生学习的效果和学校的教学质量，为教育改革和教育发展提供参考和依据。在过去的历史进程中，中国的教育评价经历了三个不同的阶段：古代传统科考、近现代科学测试、当代科学评价（图 3-1）。起初，教育评价主要源自古代学校对学生的学力检验，而这种检验方式往往只考虑学生的记忆和应试能力，忽视了学生的创造和思考能力。随着社会和教育的发展，人们逐渐意识到原先教育评价的局限性，开始探索更加科学的评价方法和理念。20 世纪初，以追求考查教育效果客观性为目的的教育测验运动在西方兴起。教育评价开始注重测量和评估学生的综合素质，而不仅仅是考察学生的应试能力。这种方法的引入为当代科学的评价奠定了基础。当代科学的评价强调考查学生的素质和能力，不再仅仅依赖于应试成绩来评估教育质量。教育评价的对象也从单一的学生扩展到整个教育系统，包括学校、教师、课程等。此外，当代科学的评价还强调评价的过程和方法应当注重学生的参与和反馈意见，建立起更加平等和合理的评价体系。因此，明确综合素质评价的价值取向，建立科学、公正的综合素质教育评价体系，对于推动教育改革和教育发展至关重要。只有综合素质评价作为教育发展的指挥棒，明确教育评价的价值取向，才能为实现教育公平和提升教育质量提供有效的支撑和巨大的推动作用。

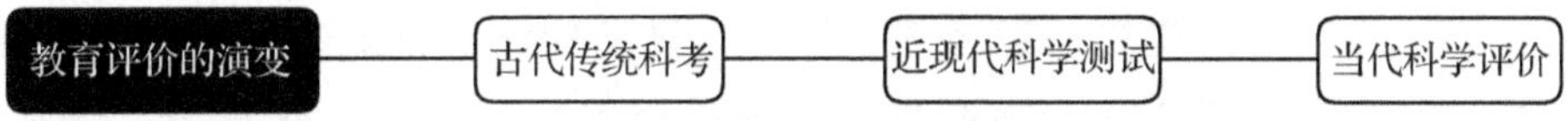

图 3-1　教育评价的演变

第一节　教育评价价值取向的演进

中国和西方在教育评价方式上存在一些差异。尤其在过去，只考核应试成绩和知识技能。这种评价方式在很长一段时间内主导了中国的教育体系，因为它与中国的文化和教育传统直接相关。例如，中国的高考和中考是基于应试成绩的考试，学生的成绩可以直接决定他们的高中和大学的入学机会。对于教育部门和学校，教育评价也往往是基于成绩和知识技能来评估教育的质量和水平。相比之下，有些国家的教育评价更加注重发展学生的综合素质和能力，包括创造力、思考能力、社交能力、团队合作能力、领导能力和创新能力等。这种评价方式更加强调学生的个性和兴趣发展，促进学生在多个领域中的全面发展。此外，有些国家的教育评价也不仅仅注重学生个人的表现，而且关注整个教育过程的质量和效果，包括教师的教学能力、学校的管理能力和课程的设计能力等。在综合素质教育方面，中国正在逐渐转变其教育评价的方式。近年来，教育部提出了一些新的方针和政策，如要求高校在招生时需要更加注重“人才综合素质评价”，这也标志着中国正在朝着更多元、更全面的教育评价方向发展。总之，教育评价的价值取向影响着教育方向和教育质量的发展。不同的文化和教育传统会导致不同的教育评价方式和价值取向。为了适应不断变化的社会和市场需求，教育评价也需要不断地发展和完善。

一、国际主流的价值取向

教育评价价值取向的演进历程可以被划分为四个阶段：科学主义价值取向阶段、管理主义价值取向阶段、人本主义价值取向阶段和治理主义价值取向阶段（图 3-2）。[①] 科学主义价值取向阶段出现在 19 世纪末 20 世纪初，其主要目的是建立一种客观、量化、科学的评价方式来评估教育效果和质量。这个时期的学者强调量化、精确地测量学生的学习成就。例如，利用普及率、平均数等数据指标来评估学校、课程及教师的质量，忽略了教育本身的多元性和复杂性。管理主义价值取向阶段开始于 20 世纪 60 年代，其主要关注教育的管理和运行。在这个阶段中，教育评价被看作是评估管理效能的工具，主要用于对教育行政管理的绩效进行测量和评估。评价对象逐渐扩展到教育管理层面，也带来了更为复杂的评价方式。人本主义价值取向阶段始于 20 世纪 70 年代，其主要关注学生的个体发展和完善。这个阶段的评价方式注重关注学生个体的全面发展，更多地关注学生成就

① 宋博，周倩. 教育评价价值取向的演进逻辑［N］. 中国社会科学报，2022-02-25（4）.

的多元性、创新性和综合素质，推崇学校、教师及教育制度对不同类型学生个体发展的支持。治理主义价值取向阶段开始于21世纪初，其目的是建立一个协调性、社会化、参与性的评价体系，以实现各方的共同约束和有效管理。在这个阶段中，教育评价逐渐被看作是一种治理工具，被用来衡量各种教育措施的效果，评估教育政策对社会和经济的影响。评价方法不再侧重于单一的考核标准，而是更重视教育参与者的主观感受和社会影响。整个教育评价的历程可以看作一个螺旋上升的过程，每个阶段都标志着教育评价的提升和改进。根据时代和社会需求的变化，教育评价的价值取向也在不断地演进和改变。针对不同阶段的评价要求和需求，不同的教育评价理论被提出。总之，随着社会和教育的不断发展，教育评价价值取向将继续不断演进和补充。

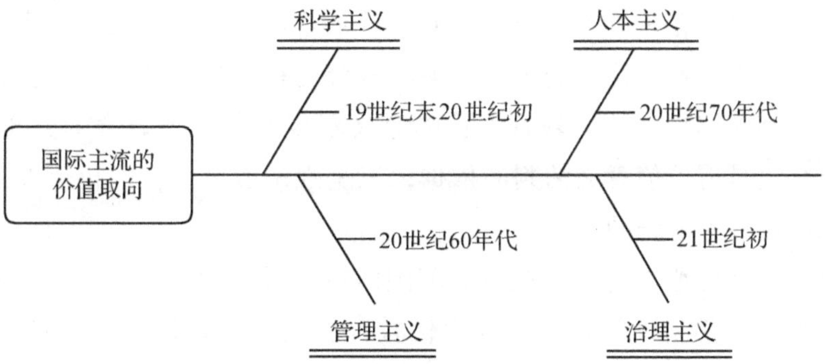

图3-2　国际主流价值取向的演变

1．科学主义价值取向

19世纪末20世纪初，随着科学技术的进步，社会生产力水平得到显著提升，工商业的繁荣进一步加速了商品的流通。在这个背景下，工场主们开始探索提高生产效率的方法。标准化、系统化、追求效率的科学管理运动在工商界兴起，由此打造出高效、客观、可量化的评价模式和体系。这种思潮逐渐渗透至教育领域，西方开始推崇“把学校办成高效的学习工厂”的理念，并且以科学主义价值取向为主导的教育评价也随之产生。

科学主义价值取向有三个重要特征：科学理性、标准化测量和规范化程序。科学理性追求教育评价的科学性和客观性，以对客观事实进行最大程度的评价。标准化测量旨在以真实、客观和标准化的方式评估学生的学习水平。规范化程序则指教育评价过程中确立明确的目标和操作步骤，其逻辑严密、环环相扣，任何一个环节都不可或缺。

科学主义价值取向为教育评价奠定了基本思路和理论框架，至今仍具有重要的参考价值。然而，该思想过于强调客观评价和结果导向，忽略了教育主体的主观能动性和不同教育环境之间的差异性。随着时代的进步，教育概念范围不断扩大，教育评价的指标也变得越来越复杂，多样化的教育需求也使得科学主义价值取向存在各种现实矛盾。因此，单一客观化的科学主义价值取向已无法满足时代发展的要求。

2. 管理主义价值取向

管理主义价值取向在20世纪60年代后逐渐形成，其具有三个主要特点：一是注重教育与社会的关系，关注教育为社会提供的服务价值；二是强调价值判断属性，认为教育评价的意义不仅在于反映教育的真实状况，更应能得出具有价值意义的判断依据；三是强调教育评价的价值在于教育结果的改进而不是证明。

管理主义价值取向目前在全球范围内被大量运用。例如，各国的院校认证及大学及学科评估体系，为现代教育引入了管理理论和技术。然而，这种涉及工商管理理论的教育评价取向也引发了不少争议。商业领域更加注重客户导向和利益最大化，而教育领域注重知识导向和人才发展；商业领域强调理性思维和效益指标，而教育领域则强调人文关怀和价值提升；商业领域注重外在形式，而教育领域则注重内涵发展。

3. 人本主义价值取向

从20世纪70年代开始，教育评价开始呈现人本主义色彩：一是注重人的需求和价值，关注人的思想、观念和经验在教育评价中的作用；二是关注利益相关者，认为教育评价应该是一个通过协商、对话、相互理解和合作建构教育意义的过程；三是反对预设主义，倡导相对主义和质性评价，反对教育目标的预设，注重评价过程和实践情境，并关注非预期效应。

人本主义价值取向的教育评价基于假设“存在共识”，评价的目的是寻求共识。然而，在现实生活中，很多评价过程并未如预期那样达成共识，而是由于时间和精力耗尽而中止。此外，评价过程中存在的权益地位不平等和不公平，也导致无法保证所有利益相关者的声音得到听取，这是一个天生的问题。因此，人本主义价值取向的教育评价更像是一种乌托邦式的教育评价，因为它缺乏具体的、客观的评价标准和体系，很难在现实中得以实现。

4. 治理主义价值取向

近年来，全球治理理论和实践对教育评价的价值取向产生了深远影响，开始出现了治理主义价值取向的趋势。虽然无法精确概括其全部特征，但是许多学者已经给出了描述性的判断。其中三个主要特征为：第一，以问题为导向，教育评价的目的在于解决教育领域或社会环境中存在的现实问题，重点在于结果的实际应用。第二，以质量为中心，教育的核心和目的在于提升质量。这里的质量是在重视效率的前提下注重的质量，质量与效率并行，不仅关注教育成果的质量，同时也关注教育过程和教育环境的质量。这一观念既不像科学主义价值取向下只关注教学质量而忽略效率，也不像管理主义价值取向下过度重视效率而忽略质量。第三，以各方利益协商为基础，教育评价者的核心任务是将不同的诉求进行分类、整合，制订出不同利益诉求的个性化评价方案，以期在复杂多变的社会环境中做出正确的教育决策。

5. 启示

国际主流教育评价价值取向的演进给我们的启示如下。

（1）教育评价需要关注多个层面的目标：过去的教育评价主要关注学生的成绩表现，现在则需要关注学生的知识、技能、能力、情感和道德等多个层面的目标，以促进学生的全面发展。

（2）教育评价需要重视学习过程：过去的教育评价主要关注学习结果，现在则需要重视学习过程的评价，以促进教学的优化和创新。

（3）教育评价需要多元化的评价方法：过去的教育评价主要采用笔试

或口试等传统的评价方法，现在则需要多元化的评价方法，包括项目作业、实践性任务、小组合作等，以更全面地评价学生的综合能力。

（4）教育评价需要深化参与和反馈机制：过去的教育评价主要由教师进行，现在则需要深化参与和反馈机制，包括学生、家长和社会等多方面参与到评价中来，在评价过程中获得更多的反馈和指导。

（5）教育评价需要倡导并提供更公正的教育机会：教育评价还需要关注学生的背景、文化、个性等因素，提倡并提供更公正的教育机会，以促进社会公平和教育公正。

二、我国教育评价的价值取向

中国引入现代教育评价的历史可追溯到20世纪80年代，也正是在这个时期，中国开始进行改革开放，逐渐向市场经济体制转型。作为教育改革的重要一环，教育评价也在这个时期得到了发展。由于市场经济体制的建立，社会的需求也变得多元化和个性化，对教育的要求也变得更加复杂，教育评价由此面临着更大的挑战。改革开放后，连续不断的教育改革使得教育评价逐步从简单的人才选拔向全面研判教学质量转化。不仅如此，1993年，国家开始实行“家长评议、教师自评、同行互评”的新型评价体系，这一改革大大调动了课程评价的积极性，让教育评价从教育政策领域扩展开来。2001年，全国高中统一考试（高考）也进行了重大的改革，考试科目更为多元化，同时也增加了考生的综合素质评价所占的比重，这进一步促进了现代教育评价的发展。教育评价的多元化和复杂化背后反映了社会的多元化和复杂化。面对这种背景，教育评价需要不断地探索和创新，以适应当前社会的需求，促进教育的发展和进步。此外，教育评价还需关注人性本身，以实现“以人为本”的价值理念，强调培养学生的情感、道德和社会责任感，并注重为学生成长与发展提供全方位、个性化和多样化的评价手段。

中国教育评价的价值取向在不同时期会存在变化，但总体上可以分为三个主要阶段：第一，计划经济时期（1949—1977年），国家领导层主要关注教育的普及和发展。教育评价的价值取向主要是为了量化并证明教育事业的成果，并且通过对学生和学校的评价来调整国家教育政策。第二，改革开放时期（1978—2010 年），随着改革开放的深入，中国教育评价的价值取向不断发生变化，从原本的量化成果转变为质量控制和体系建设。教育评价逐渐从对学校和学生的内部评价向对外部评价转变，加强了学位和学历认证及职业技能的评价。第三，当前阶段（2011 年至今），随着教育改革的不断深入，中国教育评价的价值取向逐渐转向以学生发展为中心的个性化评价模式。[①] 此外，注重综合素质评价、注重学生终身学习能力评价、加强教育对外公开、注重社会参与和反馈也是当前中国教育评价的主要趋势。同时，另一重要趋势是政府主导下的教育质量监测和评价机制不断完善，教育评价逐渐实现了政府与市场的协调。改革开放后我国的教育评价价值取向可以细分为以下三类（图 3-3）。

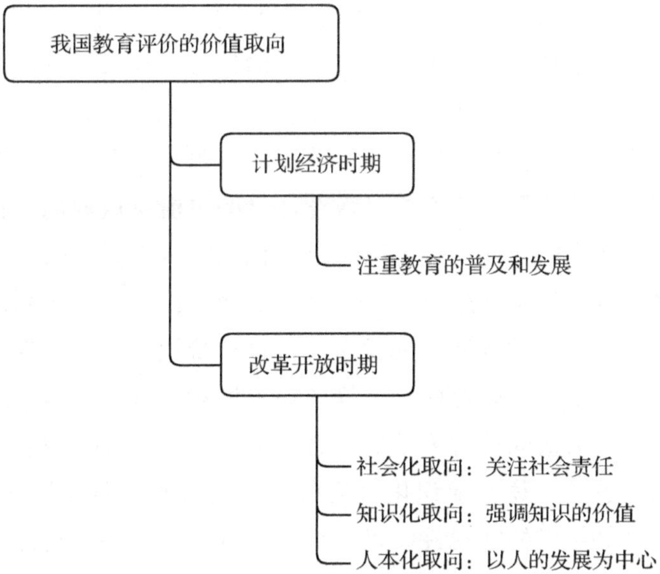

图 3-3　我国教育评价价值取向的演变

1. 社会化价值取向

社会化价值取向下的教育评价关注学生的社会责任和对国家的贡献，

① 沈晓岚. 我国教育评价范式及其转换的研究［D］. 长沙：湖南大学，2021.

教育评价缺乏对学生个人价值和需求的关注。在这种教育评价值取向下，学生往往无法真正享受到个性化、全面化的教育服务，也难以在自身成长的过程中实现真正的自我认同。教育评价应更加科学、客观、公正，注重学生的全面发展和个人成长。此外，教育评价应该朝着多元化、个性化的方向发展，注重培养学生的创新精神、团队协作能力、社会责任感，使其拥有符合市场需求和个人需要的个性化竞争力，在社会中展现并发挥出自己的个性化、创新和多元的优势。

2．知识化价值取向

1992 年，邓小平同志在南方发表重要讲话，明确提出要搞好“社会主义市场经济”，该讲话宣告我国社会主义市场经济体制正式确立。随着经济体制的变化，我国的社会结构也发生了变动，传统的社会价值观遭受挑战。在教育方面，素质教育逐渐成为教育发展的核心，要求教育体制要适应社会主义市场经济体制。实际上，我国教育评价一直存在着知识化价值取向，但是随着社会环境的变化、教育评价政策的改革、社会价值观变迁等因素的影响，知识化价值取向已不再是教育评价的主流价值取向。在知识化价值取向下，认为人的教育水平可以通过量化指标来衡量，通过量化的结果就能够对学生的知识水平进行高低排名，从而选出知识水平高的人，这就是知识化价值取向下教育评价的逻辑。在这种价值取向下，教师作为教育评价的主体，负责保证教育评价过程的规范性和合理性，而学生则是教育评价的客体，只需被动等待测试的过程，缺乏对教育评价内容、方式及结果的掌控权。总的来说，知识化价值取向下的教育评价强调知识的价值、过程的规范性和结果的客观性，以此加强教育评价的评定功能和效率，但该价值取向忽视了教育评价中人的价值，整个教育评价过程中见物不见人。

3．人本化价值取向

从 21 世纪开始，“以人为本”的社会发展战略的提出，标志着我国社会发展模式的重大变革。这个理念的提出，强调了社会的发展是以人的发展为中心，注重为整体社会服务的个体的发展，从而使“人”的价值成为社会发展的重中之重。在教育领域，基础教育改革已经成为“以人为本”

战略的一个重点。开展教育评价工作，尤其是中小学教育评价工作，成为整个教育改革的基础。而且深化教育评价改革，也成为人才培养质量不断提升的重要保障。传统的教育评价注重于考核学习成绩，而现代教育评价强调综合素质教育与多元评价，以培养具有综合素质的社会合格人才为目标，推动“以人为本”的教育理念。在教育评价方法方面，现在已经从单一的量化评价转变为量化评价和质性评价相结合的方法。同时，评价形式不再只注重终结性评价，而重视过程性评价和终结性评价的结合，注重反馈、促进学生全面多元发展的评价方法。总之，教育评价方法的转变和创新，反映了“以人为本”的教育观念的逐渐落实。随着社会对人才培养质量的要求越来越高，以人为本的教育理念必将为教育评价的改革提供更宽广的发展空间。因此，未来的教育评价工作，应该以“以人为本”为核心，结合实际发展和时代需求，注重提升教育评价的科学性和公正性，促进学生全面而有个性的发展。

中国教育评价的价值取向一方面注重衡量学生知识技能的获得情况，如学业成绩、考试成绩和技能考核等方面；另一方面更注重学生全面发展的综合评价，如素质教育的评价、学生品德与道德素养的评价、学生创新能力和综合素质的评价等。中国教育评价的价值取向强调学生的终身学习能力，即关注学生能否自主思考和寻求知识。此外，中国教育评价的价值取向还注重教育的开放与反馈机制的建设。在这一方面，教育评价需要在提供教育服务的同时，维持与社会的合作，通过公开透明的评价和反馈机制，加强与社区和家长之间的联系，使教育评价成为一种有利于促进社会和谐发展的力量。总而言之，当前中国教育评价的价值取向注重学生的全面发展，注重学生终身学习能力的培养，强化教育的开放和反馈机制，从而可持续地提高人才培养质量和教育质量。

我国教育评价的理论研究与实践开展得相对较晚，由于社会上部分人急功近利，教育评价往往会偏向工具主义，只注重短期利益。评价标准往往只关注结果评定，忽略了对教育过程的评价和未来发展的规划。此外，评价也容易忽视教育长远和隐性的效益，只注重教育即时性和显性效益。但教育是一个长期的过程，需要根据评价结果不断调整和完善，而且教育也具有自身的发展规律。如果评价标准主观化，忽视教育活动的客观性，可能导致其实质性目的的丧失，最终偏离教育评价的本质目的。因此，在构建综合素质评价指标体系时，需要注意平衡不同价值取向之间的转换，兼顾社会和个人利益，兼顾短期和长期利益。

第二节 综合素质教育评价价值取向的演进

一、综合素质教育评价价值取向的演进

我国综合素质教育评价价值取向的演进经历了以下几个阶段（图 3-4）。

（1）单一性阶段（20 世纪 80 年代至 20 世纪 90 年代晚期）：在这个阶段，教育评价被视为一种工具，用于考核学生成绩和教师绩效。评价标准主要以分数和排名作为标准，忽略了学生发展的多样性和个性化需求，也忽视了教育长远而隐蔽的价值。在这样的价值取向下，评价往往只追求短期的成绩和竞争力，忽略了学生的潜能和创造力的培养。学生们为了迎合所谓的“好成绩”而埋头苦学，过度关注应试技巧而忽略了真正的学习和成长。

（2）多元性与质性化的阶段（21 世纪初）：随着综合素质教育理念的深入推广和教育改革的深化，越来越多的教育工作者和研究者意识到教育评价应该更加关注学生的个性化发展，评价标准逐渐从单一的分数和排名，扩展到包括知识、技能、态度、价值观等方面的全面评价。学生的个性化需求得到更多的重视，评价的目标也从简单的考核转变为促进学生的全面成长。这种价值观的推动促进了评价标准的多元化和质性化的发展，使评价过程更加注重评估和规划教育过程。

（3）教育生态化与个性化阶段（近年来）：在这个阶段，教育评价不仅关心学生的学术成绩，而且注重学生的生态和个性化需求，在实践和评价中，强调教育应该更好地满足个体差异化的需求和多元化的发展路径。在这一价值观的支持下，教育评价标准已经朝着更为科学和合理的方向转变，同时教育评价方式也更加关注和鼓励学生自由发展。

我国综合素质评价体系的构建经过了这些年的探索，存在着不同的价值取向，以全面发展为价值取向还是以个性发展为价值取向，这是我们需要考虑如何进行综合素质评价的重要问题。一种教育理论是否科学，取决于其价值取向是否符合教育的发展规律及社会发展的需要。

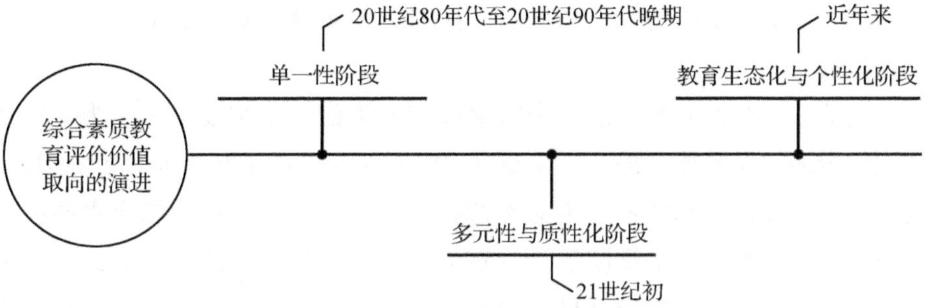

图 3-4　综合素质教育评价价值取向的演进

二、全面评价价值取向

综合素质评价是评价一个人的知识水平、道德修养和各方面能力的多维度评价。评价对象不仅包括学生的学科知识水平，还包括学生的道德、思想、情感、行为、社会责任和义务等方面的表现，这种评价方式已经被人们广泛认可和接受。[①] 随着社会的进步和科技的发展，单一的知识评价已经逐渐不能满足社会的需求，需要逐步加大对学生综合素质评价的重视。在综合素质评价中，评价指标的设立非常关键。通过对道德品质、公民素养、学习能力、交流协作、运动健康、审美表现等多个领域的评价，可以尽可能全面系统地描述学生的综合素质现状。同时，在评价指标的设立过程中，不仅要考虑学科知识容量，还要注重学生对社会和环境的认识、情感和态度，更要着重评价学生的学习能力、思维能力、创新能力、合作能力等。综合素质评价不仅要考虑学生的各方面表现，更重要的是要给学生提供积极的激励，促进学生的自我发展，并引导学生逐步形成良好的自我

① 汤庆瑞．中小学综合素质评价的价值取向和育人导向探析［J］．考试周刊，2016（54）：166－167．

观念和自我认知。综合素质评价不仅是对学生进行全面评价的手段，还能激励学生，帮助学生明确自己的优势和劣势，并找到自我提升的方法，促进全面发展。因此，在综合素质评价中，评价指标的设立应该注重多元化和个性化，并将学生的人格发展、道德品质等方面纳入评价范畴。同时，评价应该注重对学生的发展状态和价值取向的反馈和指导。通过此类评价，可以更好地引导学生的成长和发展，让综合素质评价真正成为评价学生综合素质的有效手段。

当前，综合素质教育已成为国家教育政策的一个主要方向，为了实现学生的全面发展和能力提升，需要对学生的综合素质进行全面评价。因此，建立科学的评价指标体系成为必然选择。在该指标体系中，综合素质被拆分为若干个维度，每个维度下又分解为若干个指标及观测点，如此反复下去，构建出一个十分复杂且科学的评价指标体系。然而，实际应用中，由于综合素质的多元性及其内部各个指标间的关联性，设定的评价指标难以达到预期的效果。不同的指标之间难以完全独立，并且同一级指标之间也存在一定的交叉和重叠。例如，在道德品质和公民素养之间往往存在界限不清的情况，可能会导致评价指标的重复计算。此外，因为综合素质涉及的范围较广，评价指标也难以完全覆盖所有的综合素质内容，可能会导致评价不全面或评价结果不准确的情况。因此，需要在评价指标的设计和应用过程中，在科学性的基础上，注重实用性和灵活性。需要考虑到不同指标之间的关联性和独立性，适度引入交叉验证等方法，加强评价的质量控制等措施，使评价结果更加合理。同时，也需要注重评价指标的完整性和准确性，不断完善评价指标，提高综合素质评价的科学性和有效性。

对于全面评价，我们应该从两个角度去理解。第一，要从尽可能多的方面去评价学生的综合素质，以便发现学生在某个方面的优势和特长。如果仅从某个方面去评价，可能会忽略学生在其他方面的优势和特长。综合素质评价体系不应该封闭而僵化，而应该是开放和实时更新的。全面评价不应仅仅以教育部所列出的几个方面为限，而应从更多可能的方面评价学生。全面评价是一种策略，旨在尽可能发现学生的潜在优势。第二，从基本素质发展的角度来看，教育评价应当全面。基本素质是每个人都应该具备和可以具备的素质。然而，基本素质不应该是一个人所拥有的全部素质。

评价基本素质应该是全面的，否则所培养出来的学生就不合格。因此，全面评价应该是最低线的评价，要确保每个受过教育的人都能够成为合格的人。评价维度不应太多太细，评价标准也不应过高，评价结果应该以合格与否为衡量标准。全面评价应该是结构化的，即根据既定的评价范围和标准来评价学生。如果学生没有不良行为，就应该被判定为合格。

三、个性评价价值取向

个性评价指对不同学生的个性特点、优势和潜能进行评价。每个人作为独特的个体，有着不同的先天基因、成长环境和吸收知识能力的特质，因此具有独特的优势和潜能。① 这种差异使得每个人都有不同的兴趣和能力，并且这些优势和潜能是每个人难得的资源。如果教师能够抓住学生的优势和潜能因材施教，那么就可以事半功倍。如果学生能在自己擅长的领域发挥自己的潜能和优势，成为该领域的杰出人物，那么教育所带来的社会贡献也是显而易见的。由于每个学生的潜能和优势都具有自己的特点，故个性评价必须根据不同的学生进行。优势和潜能可能表现在某一个或某几个方面，一个人并不是在所有方面都具有优势和潜能。如果采用全面评价的方式去评价一个学生的优势和潜能，那么就相当于对学生提出了过分的要求。

个性评价应该是促进学生进一步发展的发展性评价，而不是结果性评价，应该是在全面评价的基础上进行的。教育评价主体需要根据每个被评价对象的特点，有针对性地设计不同的评价方案，从而对学生具有优势的方面进行发展性评价。这种评价应该是肯定性的，即只有当学生表现出某方面的优势素质时，评价者才能断定他具备了某种素质。个性评价应该促进学生的综合素质全面发展，增强学生自信心和自主学习的能力，同时也能够帮助学生更好地发现自己的优势和发展方向，为未来的职业规划提供依据。

---

① 罗祖兵．突出个性：普通高中综合素质评价的应然价值取向［J］．中国教育学刊，2005(9)：16－20.

四、价值取向的辩证统一

综合素质评价不仅注重对学生基础素质和学科成绩的全面评价，还应该注重对学生个性特长和优势潜能的开发，并为学生提供更具体的发展建议和指导（图 3-5）。在进行个性评价时，评价者应该充分了解学生的兴趣爱好、特长和潜能，并评估学生在沟通、协作、领导、独立思考等方面的能力。评价者应该针对每个学生的优势和潜能，量身定制个性化的评价方案，使评价更具有针对性和推动性。此外，综合素质评价还应该关注学生的综合素养，包括艺术素养、体育素养、道德素养、实践素养等。学生的综合素养评价也需要在全面评价的基础上进行，为学生提供更加全面的发展指导和建议。最后，综合素质评价应该注重引导学生的学习态度和价值观念的养成。学生的成长和培养不能仅仅依靠科目知识和技能的训练，更应该从学生的学习态度和价值观念入手，培养学生的自主学习、探究精神和实践能力，同时也注重学生的道德修养、社会责任感和个人发展规划。

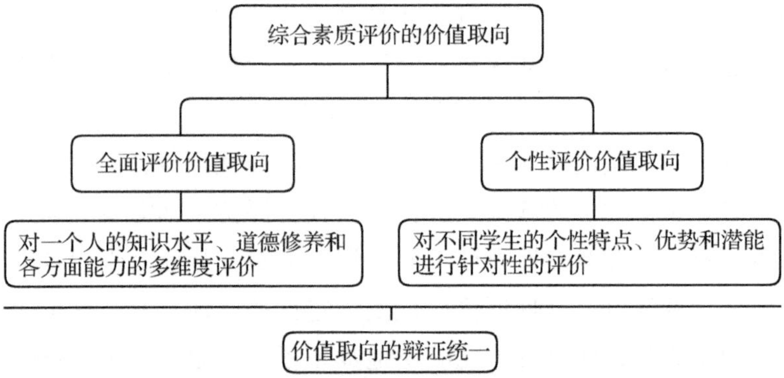

图 3-5　综合素质评价的价值取向

个性评价不仅仅是综合评价的升华，它更是综合素质评价的关键环节。虽然全面评价作为综合素质评价的基础非常重要，但是评价标准不能仅限于这个基础标准。人的全面发展是一个相互融合的过程，既包括基础素质的发展，也要兼顾个性特长与潜能的发掘和培养。马克思曾经提出“全面而自由的发展”来表达关于人全面发展的学说，他强调人的全面多元化发展，不仅要关注人的物质层面，还要关注人的精神层面，这里的“自由的发展”则强调每个人都有自己的天赋、兴趣、爱好和潜能，需要在全面发展的基础上实现个性化发展。因此，当一个人在基础素质层面上具备了一定的素养后，就应该注重其自由发展和个性发掘。评价者要充分了解被评价对象的优势和特长，并量身制订个性化的评价方案，帮助他们更加全面展示自身才华，最终实现自我价值，成为一个有专长、有个性、有独特价值的人。如此一来，个性评价的重要性不亚于基础素质评价，而是对其的完善和提升。

综合素质评价的终极目的不仅仅是提升学生的基础素质，更是要发现学生的个性化素质和他们的潜能。特别是在培养创新型人才的过程中，综合素质评价应当注重个性化因素，旨在发展人的个性，因为只有通过发掘和发展个性化特长和潜能，人才能够迅速成长，才能够更有创造力地应对未来的挑战。从整个综合素质评价的角度来看，它不是各种素质简单相加得到的结果，而是需要全面展现到每一个个体身上的。综合素质是由一个人在多方面素质共同构成的，不同素质之间相互作用、相互依存，围绕着个体的特征形成了一个有机的整体。因此，我们不能将学生的个性特点简单地用基础素质标准来衡量，评价者需要充分理解学生的个性化特点和潜能，以更加全面、具体的方式去评价和提供学生发展的建议。在实施综合素质评价和培养创新型人才的过程中，我们必须以个性化教育作为指导，通过给予学生自主和创新的机会，发掘和发展他们的潜能，最终实现个性化的综合素质发展。

第三节 我国综合素质教育的价值选择

我国综合素质教育的价值选择体现在以下几个方面（图 3-6）：

（1）培养全面发展的人才。综合素质教育不仅注重学生学科知识的掌握，更加重视学生的思维能力、创新能力、实践能力、人文素养等综合素质的培养，旨在培养全面发展的人才，以适应日益复杂多变的现代社会需求。

（2）引导学生形成正确的世界观、价值观和人生观。综合素质教育注重学生全面教育，倡导学生身心健康、自律自立、自主学习探究、生命关怀等核心价值观，培养学生健康向上的人生观、价值观，为学生成为有用之才、有德之人奠定坚实基础。

（3）促进社会公平和个体发展。综合素质教育不仅强调学生知识结构的梳理，更加重视学生的个性特长、自我认知的发展，为每个学生提供平等的发展机会，促进社会公平和个体的全面发展。

（4）促进教育和经济、社会的协调发展。综合素质教育体现了教育和经济、社会协调发展的理念，加强学生的实践教育和创新教育，可以有效推动技术进步、战略性新兴产业发展等，有助于提升教育的社会效益，同时也有助于培养适应社会需求的人才，为国家经济、社会的发展提供人力资源保障。

总之，综合素质教育的价值选择是全方位、全域、全民的社会现代化和可持续发展的需求，是教育发展的重要方向，也是国家建设的战略需求。①

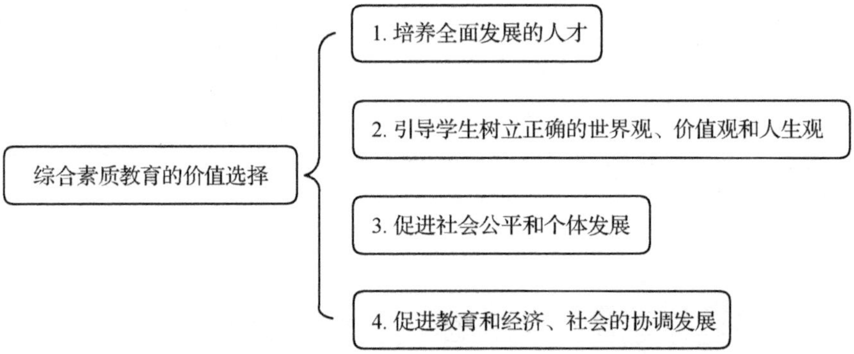

图 3-6　综合素质教育的价值选择

① 邱君君. 新时代教育评价改革背景下学生评价体系的思考［J］. 教育观察，2021，10（11）：41－44.

一、新时代的综合素质教育评价价值取向

党的二十大报告中强调了科技、人才和创新在现代化建设全局中的关键作用。科技是第一生产力，是现代经济发展的重要条件。人才作为第一资源，是实现高质量发展和战略竞争的关键因素。创新作为第一动力，是推动国家可持续发展的引擎。因此，深入实施科教兴国、人才强国和创新驱动发展战略，是推动经济发展、实现国家繁荣的重要保障和保证。针对当前新形势，我们必须不断开拓新的领域和赛道，如数字经济、人工智能、智慧物联、生物基因等新技术和新业态，推动这些新领域和赛道的快速发展和壮大。同时，要注重提高传统制造业、服务业和农业的科技含量和效率，促进产业的优化、转型升级和跨越式发展。在自主创新上，我们需要进一步加大投入力度，加强研究和技术创新，提高自主知识产权的比重和质量，推动形成以自主创新为核心的创新发展模式，并加强国际科技交流和合作，在新一轮科技革命和产业变革中，占据领先优势。我们要充分认识到在实现第二个百年奋斗目标和中华民族伟大复兴的历史进程中，科技创新是我国赢得发展主动权、优势的关键。因此，要坚持以科技为支撑、以创新为动力，推动科技创新和产业创新深度融合，打造更多符合市场需求，具有国际竞争力的企业和品牌，进一步提高我国自主创新和自主研发能力，实现科技创新的跨越发展。

教育是民族振兴和社会进步的重要基石，是一项功在当代、利在千秋的德政工程，而培养什么样的人是教育的首要问题。随着时代的发展，对学生的素质要求也在不断提高。为了实现学生的全面发展，我们必须下功夫做好以下几点：第一，在坚定理想信念上下功夫。学生的理想信念是行动的指南，必须加强对学生的爱国主义教育，不断提高学生的民族自豪感和民族自信心。第二，在厚植爱国主义情怀上下功夫。爱国主义是中华民族精神的重要组成部分，可通过开展各种体验式的爱国主义教育活动、爱国主义阵地建设等方式来践行。第三，在加强品德修养上下功夫。品德是一个人的重要标志，必须增强学生的道德观念、文明素质、社会责任感、文化素养等品德修养，使学生具备高尚的品德和优秀的人格。第四，在增长知识见识上下功夫。为了培养具有高素质的人才，必须加强学科知识的

学习，激发学生的知识兴趣，拓宽他们的知识面，培养学生的批判性思维和创新能力。第五，在培养奋斗精神上下功夫。奋斗精神是实现个人价值、造福人民的重要动力，必须加强学生的自我激励、自我管理和自我超越能力，使其具备拼搏奋发的精神和能力。第六，在增强综合素质上下功夫。学生的综合素质包括思想素质、文化素质、审美素质、身心素质等多方面，必须对学生进行综合素质教育，注重学生的个性发展、兴趣培养和特长发掘。为了评价学生的全面素质，我们需要建立一套完善的综合素质评价体系，从素质的多个维度对学生进行评价。这样的评价体系可以为培养社会主义事业接班人提供有效的评价支撑。只有这样，我们才能为学生的全面发展提供更好的保障，使他们的心灵更丰盈、精神更饱满、人格更完善，展现出更加突出的综合素质与能力。

综合素质评价是贯彻党的教育方针和坚持社会主义办学方向的重要内容，它是关乎教育改革发展方向及高等教育教学质量的重要指标。在制定综合素质评价时，我们需要以科学的成才观念为导向，明确新时代综合素质的概念和新时代人才的内涵，突出德智体美劳全面发展的特征。同时，我们也需要倡导科学先进的人才培养观念，将德育、智育、体育、美育和劳育的各方面要求转变为被评价者的素质，以培养具备适应未来、适应社会的道德品质和必备能力。因此，综合素质评价所设定的评价内容、评价指标和评价方法要符合具有科学性和时代性的人才培养观念，与时俱进且具备可操作性，从而全面提升学生的思想品质、文化知识、身体素质、审美意识和实践能力。

在全国教育大会上，习近平总书记提出了“努力构建德智体美劳全面培养的教育体系，形成更高水平的人才培养体系”，并进一步明确了社会主义事业接班人的内涵。社会主义现代化人才应当德智体美劳全面发展，而新时代的“五育并举”理念则突出了德育、智育、体育、美育和劳育之间的相互联系、相互依存和相互促进（图 3-7）。[①] 在综合素质评价中，体育评价、美育评价和劳动教育评价都是不可或缺的要素。因此，应加强体育

① 李建国，万成. 从“德智体美”到“德智体美劳”：十八大以来习近平关于“培养什么样的人”论述的承变［J］. 现代教育科学，2019（6）：83－88.

评价，建立基于日常参与、体质监测和专项运动技能测试的综合考查机制，并将国家学生健康体质标准的要求作为体育评价的重要内容，引导学生养成良好的锻炼习惯和健康的生活方式。另外，美育评价也必须得到增强，将艺术课程和艺术实践融入人才培养方案之中，将审美理念纳入各个学科的评价之中，培养学生审美、表现美、创造美的能力。最后，增加劳动教育评价，明确学生参加劳动实践活动的具体内容和要求，注重对于学生劳动教育课程的学习和参与劳动活动过程的评价。

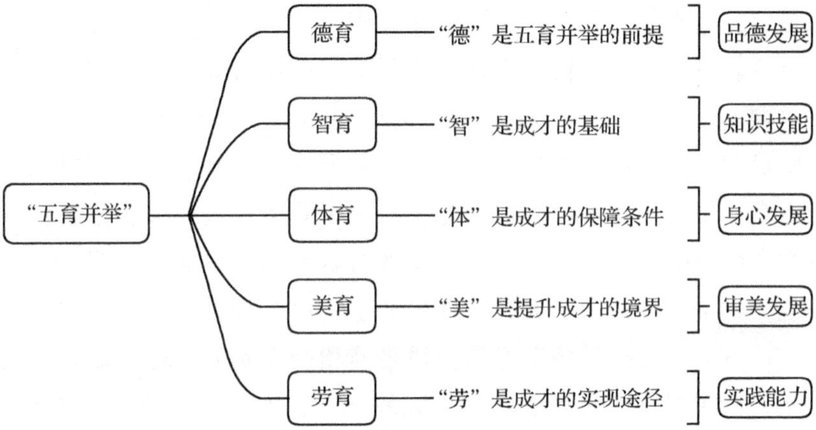

图 3-7 “五育并举”

二、“五育并举”的内涵

“五育并举”的理念意在全面培养学生的品德、智力、体魄、美感和实践能力，为全面发展的社会主义现代化人才打下坚实基础。[①] 其中，德育不仅是道德教育，更涵盖了学生的社会品德、个人品质和成长态度等方面的培养；智育则强调开阔学生的视野，不断提高学生的知识广度和深度；体育则通过锻炼身体，重视学生的身心健康；美育则着重以艺术教育为基础，培养学生的审美素养和想象力，陶冶心灵；劳育则注重学生的实践能力，

① 张红艳，卢克建．德智体美劳全面培养的教育体系蕴含的理念探析［J］．南华大学学报（社会科学版），2019，20（4）：36－43．

并能促进学生将理论知识与实践进行融合。将“五育并举”的理念融入综合素质评价改革之中，能够进一步加强对学生全面发展的关注，设计更加科学、全面的评价内容和方法，完善评价过程，使得综合素质评价能够更好地推动学校教育改革，实现质量优化和效益上升，培育更多全面发展、适应社会需要的优秀人才。①

1. “德”是五育并举的前提

作为一个人成才所需的基本要求和底线，道德修养对于青年学子来说至关重要。在中华民族伟大复兴的征程中，“德”既是一个人的大德和公德，也是修身律己的私德。因此，青年学子应该首先具备为国家民族谋复兴的大德，这个“德”涵盖了胸怀祖国、热爱国家与民族等方面，而爱国是其中最为重要和深沉的情感，是道德的源头，必须自觉践行社会主义核心价值观，使之成为人生德性的追求，并将践行社会主义核心价值观纳入综合素质评价的考量范围。作为未来各行各业的劳动者和建设者，青年学子还应该具备服务社会和人民的社会公德，以推动社会风尚向好的方向发展。在这方面，必须具备良好的公德修养和个人素质，树立“以人民为中心”的理念追求，并将青春奉献于服务社会和人民的事业中。最后，青年学子也应该具备修身律己的私德，这是个人思想素质、品行修养和道德情操等方面的要求，只有加强道德修养、注重道德实践，才能真正成为国家栋梁之材。习近平总书记所提出的“勤学、修德、明辨、笃实”的八字箴言，就是要求青年学生要坚持道德修养，注重道德实践，涵养个人德性。

立德树人是教育的根本任务，德育为其中的重中之重，因此，树人的第一步也应该是树德。在综合素质教育中，一方面，我们要立师德，加强师德师风建设，因为高素质的教师是培养高素质学生的首要前提。正如梅贻琦先生所说，“学校犹水也，师生犹鱼也，其行动犹游泳也，大鱼前导，小鱼尾随，是从游也”。教育者必先受教育，教师要通过高尚的师德、人格魅力、学识风范来教育、感染学生，成为学生健康成长的指导者和引路人。

① 郑琳川. 新时代高校德智体美劳全面育人的内涵、原则及其路径［J］. 华北理工大学学报（社会科学版），2020，20（6）：59－63，69.

另一方面，需要进一步加强和改进思想政治教育，从思想引领、文化熏陶和实践养成教育等多个方面，形成崇德向善的良好校园风气。具体来说，需要引导学生加强思想道德修养，自觉弘扬爱国主义、集体主义、社会主义精神，积极倡导社会公德、职业道德和家庭美德。同时，也要加强社会主义核心价值观的培育，重视品德修养，扣好人生的第一颗扣子，踏实地修好品德，成为有大爱、大德、大情怀的人。

2.“智”是成才的核心素质

“智”可包括知识、技能、本领和智慧等方面。在党的十九大报告中，习近平总书记指出，青年一代有理想、有本领、有担当，国家就有前途，民族就有希望。本文所述“本领”即为“智”之一部分，它不仅指专业知识的掌握，更涵盖了智慧和学习能力。狭义上说，智慧是一种由智力系统、知识系统、审美评价系统和其他子系统所孕育的高级综合创造思维能力。青年学生必须掌握扎实的专业知识，并尽可能具备广博的知识积累，同时拥有高水平的智慧能力，包括良好的逻辑、判断、辨别、分析、情感和决策能力。当今世界不断发展，科技革新迅速，因此“智”还涵盖了创新和创造的能力。从国家到企业，竞争本质上都是关于创新人才和创新能力的竞争。2005 年，在党的十六届五中全会上，首次明确宣布要建设创新型国家，2014 年，又提出“大众创业，万众创新”的战略口号。党的十八大以来，习近平总书记多次强调青年必须提高创新能力，在全国教育大会上，他指出，必须培养学生的创新思维，加强创新型、复合型和应用型人才的培养。由此可见，现代青年学生应当拥有智慧和才干，以及创新能力，这既是个人成长的核心要求，也是适应社会和国家发展战略，实现时代新人的现实要求。

当今世界实质上是人才竞争的世界。实施综合素质教育的目的是要培养有实际本领、真才实干的社会主义建设者和接班人。为此，在人才培养中，要注重“智”的培养，并将其放在核心地位。要从党和国家发展建设的新要求出发，了解国家战略发展对人才的需求，不断更新培养理念，与时俱进地培养符合时代需求的人才。这既包括注重知识技能的传授教育，又包括注重非智力因素的培养教育，杜绝把“智”狭义地理解为知识、技能等智力范畴。因此，学校既要传授传统的知识、技能，又要不断跟进新知识体系、信息技术和网络发展所带来的新知识，更新教学体系、知识体系和教材体系，同时需要注重发展和提升学生的综合智慧。创新能力是人才最核心的能力，综合素质教育要加强学生的创新创业能力的培养。与此同时，学校还需加强学生的情感教育和心理健康教育，培养学生健全的人格和良好的品质，提升学生的情商，以此培养创新型、复合型和应用型人才。

3. “体”是成才的保障条件

体，人本也，身体是人类最基本、最真实的存在。习近平总书记特别关注青少年的身体健康和素质，提出“健康第一”的教育理念。《关于全面加强和改进新时代学校体育工作的意见》明确提出，持续深化教学改革，丰富课程设置与内容，帮助学生在体育锻炼中享受乐趣、强身健体、塑造完整性格并锤炼意志品质。体育教育不仅是训练身体、加强身体素质和提高身体健康程度的过程，而且包含表达体育精神和价值观的含义。通过参加体育锻炼和体育活动，学生可以了解到坚持不懈、拼搏、毅力、耐心等体育精神，以及规则、荣誉、尊重等相关的价值观。因此，体育不仅是帮助人们增强身体素质的方法，更是帮助人们训练灵魂的方法。健康的身体是成才的坚实基础，一个人想要成才必须拥有健康的身体，否则一切都将化为泡影。许多青少年每天的体育锻炼和户外活动时间远低于上网和打游戏的时间，对身心发展极为不利。现在，青少年的健康状况已经引起了人们的担忧。根据 2018 年中国国民健康大数据报告，疾病的发病率和总人数非常高，疾病年轻化趋势明显，青春期贫血发生率达到 38%，全国肥胖儿童脂肪肝发生率超过 40%。因此，加强体育工作，势在必行，并涉及每个人的生存发展，关系到国家人才培养和现代化的建设，具有重大的战略意义。

达·芬奇曾言：“运动是一切生命的源泉。”张伯苓同样认为，教育没有体育就不算完整。在综合素质教育中，如何培养学生的体育素质呢？首先，学校应充分认识到体育锻炼的重要性，加强教学改革，完善体育课程和教材体系，开设充足、优质的体育课，确保课程顺利进行，提高学生参与度和获得感。其次，营造积极的竞技氛围和强身健体文化，举办丰富多彩的体育比赛和文化活动，评优评奖要注重体育，塑造重视体育的优良文化，营造重视身体、勤于锻炼的氛围。最后，学校应全面改善办学条件，配齐配强体育教师，加强体育设施和场馆建设，建立健全各类健身设施设备，让学生充分享受高质量的体育资源。此外，学校也应注重“身”“心”并重教育：身心是一个整体，都是人存在和发展的基础和保障。通过体育锻炼，学生可以得到身心双重的锻炼，修炼心灵，磨炼意志，敢于拼搏、面对挫折和失败，成为身心健康的栋梁之材。

4. “美”是提升成才的境界

“美”是一个难以定义、形容的词汇。柏拉图认为，美是有用的、合适的；黑格尔提出，美是理念的感性展现。马克思则认为，美是通过劳动创造出来的。这里的美不只是外在的美，而是思想之美、人格之美和灵魂之美的和谐统一。美育是综合素质教育的重要组成部分，与德智体劳四育相辅相成，相互促进。《全面加强和改进学校美育工作的意见》（国办发〔2015〕71号）指出，美育不仅能够提高人的审美素养，而且可以潜移默化地影响人的情感、趣味、气质和心灵，激励人的精神，涵养人的心灵。美育是一种感性的教育形式，不同于其他四育，它是认识这个世界的一种方法。美育是感性教育、情感教育，也是综合教育，具有愉悦作用、认识作用、教育作用、激发作用和全面发展作用。美对人的重要性不容忽视，因此，党和国家高度重视综合素质教育中美育的培养。党的十六大首次将美育写入报告，而党的十七大、十八大、十九大和二十大的报告中也指出要“把立德树人作为教育的根本任务，培养德智体美劳全面发展的社会主义建设者和接班人”。习近平总书记多次强调要加强美育工作，在文艺工作座谈会上，他提到：追求真善美是文艺的永恒价值。艺术的最高境界就是让人动心，让人们的灵魂经受洗礼，让人们发现自然的美、生活的美、心灵的美。全面加强和改进学校美育的工作，坚持以美育人、以文化人的理念，引导广大青少年热爱自然，欣赏艺术，热爱文学，培养纯洁的心灵、高雅的情趣，这是综合素质教育以美育人的任务。

美需要培养，只有具备美的素养和创造美的能力，才能按照美的规律去改造世界。综合素质教育中的美育旨在以美育人，目标是引导学生认识美、发现美、鉴别美，做有美感的学生。要实现这一目标，首先，需要加强美育课程体系和教材系统的建设，形成科学系统的课程，为全体学生开设艺术类通识课程。其次，要加强美育与其他课程的融合，与德育、体育紧密结合，融入校园文化，形成课堂教学、课外活动和校园文化相辅相成的育人合力。此外，学校应进行顶层设计，配备先进的硬件设施，借助校园之美和文化之美，陶冶学生的情操。最后，学校还应鼓励学生鉴别美与丑、善与恶，通过正反面教材来开展教育，防止虚假、负面、丑陋的信息资源对美育效果的消解，提高学生鉴别假恶丑、追求真善美的能力。

5. “劳”是成才的实现途径

2018 年全国教育大会上，习近平总书记首次将“劳”加入德智体美四育之中，提出了德智体美劳五育全面发展的目标，并指出要教育引导学生崇尚劳动、尊重劳动，懂得劳动最光荣、劳动最崇高、劳动最伟大、劳动最美丽的道理，长大后能够辛勤劳动、诚实劳动、创造性劳动。这一目标要求培养学生的劳动技能和观念，让学生认识劳动、尊重劳动、热爱劳动，培养劳动精神。劳育作为德智体美劳五育中的一个重要方面，对青少年学生的成长成才和全面发展具有重要意义。在新时代，劳动育人的内涵更为丰富，除了要继承和发扬马克思主义劳动价值理论及中华优秀传统劳动文化外，还要倡导劳动光荣、伟大的时代风尚，培养尊重劳动、尊重劳动者、努力奋斗的劳动价值观。劳动精神是指劳动者在劳动中展现出的拼搏精神、创新精神和奋斗精神。培养新时代的劳动精神需要通过各种途径，如劳动实践、劳动教育等来积极引导青少年学生树立正确的劳动观念，养成良好的劳动习惯。

劳动是一条通向成功的途径，它能够让人获得知识、增强才干、修身养性，对于一个人的成长而言具有至关重要的意义。首先，学校应该充分认识到劳动育人的价值，树立全面发展的理念，加强劳动观念和精神的宣传教育。为此，学校可以通过确立办学理念、构建完善的课程体系、加强文化熏陶等途径，将劳动精神融入课程教学和文化艺术活动中，积极拓展宣传教育的渠道。同时，学校也应该利用各种智能平台，如网络新媒体、智能化平台等，加大对优秀劳模和时代先锋事迹的报道，形成弘扬劳动精神的正面舆论。其次，学校需要注重学生的实践锻炼，提升学生的劳动技能。学校可以适当增加学生的实践课程，让学生在实践中充分了解专业，深入了解社会，并提升做人做事的能力。最后，学校还应该积极创新劳动育人的方式方法。学校可以将劳动育人融入思想政治教育、创新创业教育和就业教育中，培养学生的奋斗精神、实干精神和创业精神，不断提高育人效果。

三、综合素质评价中应注意的问题

德育评价关注学生的品德发展，主要考查学生在爱国敬业、遵纪守法、社会责任、诚信友善等方面的表现。但部分学校以成绩定优劣，将学生的成绩高低与品德好坏相联系，表现出了功利倾向。一方面，学校升学率、同辈竞争、家长期望等外部因素造成学生的学业压力增大，使学生的现实行为表现越来越趋向于功利化，德育思维也逐渐陷于误区，忽视了德育评价的真实性和内在意义。另一方面，德育评价尚未构建内部完善的评价机制，缺乏严格的评价监督系统，在评价过程中很难不被外界功利因素所干扰，不利于评价的客观性。实际上，学生情况复杂多样，成绩好坏不代表品德优劣，德育评价需要全面而客观地看待学生的品德发展，不能局限于纸面成绩。对此，德育评价要在学生的日常学习生活中开展，排除外界功利因素的干扰，摒弃僵化思维。

智育评价的关注点在于学生的知识、技能，主要考查学生的基本知识掌握情况和学习新知识、解决问题的能力。然而，在现实生活中，对智育的评价往往是分数至上，忽视了人的主体地位。智育评价受“高考导向”的制约，部分学校和家长为追求升学率，陷入“唯分数”主义。一方面，部分学校采取“填鸭式”教育，督促学生不断堆砌知识、不断重复刷题，忽视了学生的个性发展、全面发展，弱化了素质教育的效果。另一方面，众多家长为了让孩子在考场上获得高分，要求其参加各类补习班或竞赛，忽视了孩子自身的兴趣和需求，违背了育人先育心的理念。实际上，智育评价的最终目的不是为了区分三六九等，而是为了查漏补缺和因材施教，为学生提供更好的教育，不只是让学生掌握知识，还要取其精华，推陈出新。因此，智育评价要以育人为中心，使学生的知识与能力协同发展。

体育评价应关注学生的身心发展，主要考查学生的运动能力、身体机能、心理素质及健康状况等方面。然而，当前的体育评价仍未与高校招生录取挂钩，主要表现为测验方法简单，缺乏真正的对学生身体素质的关注。此外，许多学校对于体育教育的态度也需要改变，他们以学生的学业成绩为重，忽视了体育对于学生身心健康发展的重要性。同时，缺乏有效的审核及监督机制，也导致测试内容不能得到有效检验，存在弄虚作假现象，使得体育评价的实效性不高。实际上，身体是革命的本钱，因此，体育评价的重要性不容忽视，它能够起到促进、激励的作用。教育机构应该督促学生开展体育活动，激发学生参与体育锻炼的热情，以此来推动综合素质教育的发展。

美育评价的重点在于关注学生的审美发展，主要考查学生对艺术的鉴赏力、审美力、表现力、创造力等方面的表现。然而，许多高中对于美育评价的重视程度不高，这阻碍了学生审美心理结构的养成，制约了学生的个性及全面发展。一方面，音乐、美术等艺术学科一直以来被学校看作次要科目，美育评价也被错误地看作是针对艺术特长生的，忽视了美育评价应当是面向全体学生的。另一方面，学校没有构建完善的美育评价体系，在具体的执行过程中也存在不少问题，使得执行过程中很容易出现“无头苍蝇，一把乱抓”的情况，难以深入推进美育评价的实施。美育评价的核心应该是培养学生的审美心理结构，发挥美育“以美育人”“以美化人”“以美培元”的功能。

劳育评价的关注点在于学生能力的发展，主要考查学生的劳动意识、社会实践能力等方面的表现，以此来达到立德树人的目的。但是现实情况下，学校开展的劳育活动往往没有抓住关键要素，劳育评价过程中忽视了学生的主观感受及对意识养成的需求，导致学生仅仅是为了完成任务而完成任务，没有真正理解劳育活动背后的真实价值。目前的劳育现状主要表现为以活动为主、过程凌乱：一方面，学校还没有建立完善的劳育评价体系，在评价指标中过于关注活动完成度及参与度等量化指标，往往忽视了过程性评价与结果性评价之间的平衡；另一方面，劳育评价受到家庭、学校、社会等各种因素的制约，导致劳育面临僵局。为了提高劳育评价的实效性，需要让学生走进真正的劳育活动中，激发他们的兴趣和热情，充分感受劳动的乐趣和劳动的价值，在此基础上建立起全面、科学、有效的劳育评价体系。

德智体美劳五育是一个系统、全面，既相对独立，又相互联系、相互作用的逻辑整体。① 德育是核心和灵魂，贯穿其他四育，是引领和约束其他四育的方向；智育是人才最大的竞争力，是人脑最大的开发空间；体育是具有健康的身体和强健体魄的基础和保障，是开展社会实践的重要手段；美育潜藏在品德、智慧之中，是人类精神追求的重要体现，包含了审美能力和创造力；劳育是实践能力和社会适应能力培养的重要途径，可提升学生的动手实践能力，培养具备多重素质的综合型人才。从各要素间的关系来看，德智体美劳相互依存、相互联系、相互作用。德育引领其他四育，是其他四育的制高点；智育是主导和核心，是培养人才的中心；体育则是保证其他四育所需要的身体素质和身体形态的保障；美育是锤炼人的心灵和手艺、培育创新人才的关键；劳育强调实践和应用，为其他四育提供必要的执行力。综合素质教育所追求的是德智体美劳五育的全面发展，这也就需要学校在实施时要深刻认识五育之间的逻辑联系，根据学生的个性化差异，遵循科学的原则、方法和途径，全面协调各项育人任务，合理安排和布置育人内容，完善学生评价和考核体系，针对不同层面、不同阶段、不同特点和差异，推进德智体美劳全面发展，以促进学生综合素质的全面提升。②

① 胡莉芳. 培养德智体美劳全面发展的社会主义建设者和接班人：教育方针变迁的视角［J］. 中国人民大学教育学刊，2019（2）：144－153.

② 冯建军. 构建德智体美劳全面培养的教育体系：理据与策略［J］. 西北师大学报（社会科学版），2020，57（3）：5－14.

第四章

普通高中生综合素质评价新内涵、新标准和新方式

教育部《基础教育课程改革纲要》（教基〔2001〕17 号）指出：改变课程实施过于强调接受学习、死记硬背、机械训练的现状，倡导学生主动参与、乐于探究、勤于动手，培养学生搜集和处理信息的能力、获取新知识的能力、分析和解决问题的能力以及交流与合作的能力。这着重体现了素质教育的教学理念和时代特点。目前我国基础教育改革已经全面推进，教育教学重心已逐步由“量”向“质”转变。有效发挥教育教学对学生发展的积极作用，帮助他们实现全面发展，这是教育教学追求的终极目标。为实现这一目标，需改变传统的教育评价内涵、标准及方式，赋予新的内涵及意义。

第一节 素质教育评价内涵

传统教育评价内容主要考查学生知识的掌握情况，教师作为传统教育理念下学生评价的主体，过分注重智育评价，大多偏向于书本知识，而学生所学的这些知识很大一部分都是为了考试而量身制定的，为了提高学生的考试成绩，采用填鸭式教学及机械的训练，忽略了学生实践能力与创新精神的挖掘，忽视了学生主观能动性的培养；而开展除了智育以外的其他教育活动，会被严加指责。①

传统教育理念十分重视学习结果，忽略学习过程。学校评价三好学生、优秀学生的标准是学习成绩，在这样的评价标准之下，选出来的三好学生、优秀学生除了学习成绩优秀之外，其他方面的能力能否得到发展是有待商榷的。外界只看到学生取得的最终结果，而忽视了学生为取得这个成绩所付出的努力，也忽视了学生生理和心理的发展。这种重视学习结果而忽略学习过程的评价方式对学生的发展乃至今后的成长会产生一定的阻碍和消极作用。

发展素质教育是适应时代要求的重要举措，它有着丰富的时代内涵。一方面，在百年未有之大变局和中国特色社会主义进入新阶段的时代大背

① 周兴国. 发展素质教育的时代之义及其多维用力［J］. 人民教育，2023，(1)：27－30.

景下，发展素质教育的出发点和立足点有了新的变化，这种变化主要表现在从解决“应试教育”所产生的诸多问题转变为培养堪当民族复兴大任的时代新人，呈现出更加主动、更加积极和更加高远的价值追求。另一方面，在如何发展素质教育上有了许多新的认识和政策主张，其中最重要的就是提出了“九个坚持”（坚持全面发展，坚持因材施教，坚持德育为先，坚持实践与理论相结合，坚持个性化教育，坚持教学与评价相结合，坚持开放与包容，坚持改革创新，坚持教育与社会需求相结合），深化教育体制机制改革，构建德智体美劳全面培养的教育体系，加强教师队伍建设，全社会要担负起青少年成长成才的责任等，强调党委和政府在发展素质教育方面的主体责任，强调发展素质教育必须遵循我国教育的基本规律，致力于提升教师队伍素质和构建家庭、社会、政府、企业、学校等协同育人的新体系，等等。①

所以，要想使综合素质评价发挥作用，首先要从根本上转变评价观念，培养德智体美劳全面发展的社会主义接班人。

综合素质评价在国家政策文件上定义为：是对学生全面发展状况的观察、记录、分析，是发现和培育学生良好个性的重要手段，是深入推进素质教育的一项重要制度。

不同学者对综合素质评价内涵有不同的理解。主要有以下几种认知：

（1）综合素质指个人在特定的时期所应具备的知识水平、道德素养、社会修为能力，以及在社会生活、工作、学习中所表现出来的应变能力和所体现的价值观念等。人的综合素质的全面提高是社会发展的一般要求和趋势，尤其是当前人类迈入知识经济社会，提高人的综合素质尤为迫切。综合素质不是各类素质的简单“组装”，不是“整体等于部分之和”，而是发现不同素质间的内在联系，使之融合起来，变成个性整体。

（2）学生综合素质评价是评价者依据一定的标准对学生认知与非认知能力进行价值判断的过程，它是对学生全员、全方位、全过程的评价，其目的是促进每个学生在原有基础上全面而有个性地发展。

---

① 毛晓星. 高校大学生安全素质教育现状及应对措施探讨［J］. 科学咨询（教育科研），2022（22）：144－146.

（3）综合素质评价既是一种评价观，又是一种评价方式。作为一种评价观，它是素质教育评价体系的基本价值取向。作为一种评价方式，它与中考、高考等外部评价互动、结合，共同构成素质教育评价体系的基本内容。学生综合素质评价的本质既是个体全面而有个性发展的评价，也是真实性、过程性评价，还是内部评价。①

学生综合素质评价的提出深刻反映了我国近年来基础教育课程改革所倡导的价值理念和目标指向。作为课程改革的自然延伸和重要构成，学生综合素质评价，在诸如促进学生德智体美劳全面发展、推进素质教育，改变教师评价观念、推动教学改革，变革考试评价制度、促进人才培养方式转变，优化学校整体工作、彰显学校办学特色，培养诚信意识、优化社会风气等方面，被寄予了厚望。实施和完善学生综合素质评价，不仅是建立科学的教育质量评价体系的一部分，也是教育评价和人才评价制度改革、促进“五育并举”和落实《义务教育课程方案和课程标准（2022 年版）》政策的重要组成部分，更为进一步扩大高校招生自主权奠定了必要的基础。

基于此，我们提出素质教育评价内容，包括思想品德、学业水平、身心健康、艺术素养、劳动与社会实践五个方面，客观反映学生全面发展情况和个性特长，注重考查学生的社会责任感、创新精神和实践能力。②

一、思想品德

在思想品德方面，主要考查学生在爱国情怀、诚实守信、仁爱友善、责任义务、遵纪守法等方面的表现。重点突出学生对理想信念、社会责任和行为习惯三个层面的评价。既要关注学生参加活动的内容、次数和时间，也要关注学生参加活动的过程和成果。

1. 理想信念层面

在理想信念层面，重点考查学生了解党史国情，珍视国家荣誉，维护

① 张晓亮，沈军，胡方．中小学素质教育质量保障：内涵、特征与推进策略［J］．长江师范学院学报，2022，38（6）：120－128.

② 陈晓娟．高校大学生素质教育水平提升路径思考［J］．秦智，2022（10）：95－97.

民族团结，热爱并学习中华优秀传统文化、革命文化和社会主义先进文化，以及积极参加党团活动，爱国主义、民族团结和铸牢中华民族共同体意识教育活动等方面的表现。

2. 社会责任层面

在社会责任层面，重点考查学生的规则养成意识，遵守校纪校规，遵守国家法律法规、社会公德和公共秩序，以及爱护公物、保护环境、参与公益劳动、志愿服务和关心弱势群体等集体活动方面的表现。

3. 行为习惯层面

在行为习惯层面，重点考查学生诚实守信、仁爱友善、尊重师长、孝敬父母、关心同学、礼貌待人、举止文明、勤俭节约、勤奋上进、自立自强，以及自觉遵守《中小学生守则》《中学生日常行为规范》等方面的表现。

二、学业水平

在学业水平方面，主要考查学生各门课程基础知识、基本技能的掌握情况及运用知识解决问题的能力等。重点突出学生对学习习惯、学业表现和创新精神三个层面的评价。

1. 学习习惯层面

在学习习惯层面，重点考查学生保持积极的学习态度、掌握有效的学习方法、养成良好的阅读习惯、形成自主学习的意识和参加小组合作学习等方面的表现。例如，能主动预习、独立完成作业、上课积极发言、爱思考、自主阅读探究等。

2. 学业表现层面

在学业表现层面，重点考查必修课程内容和学习成绩、高中学业水平考试成绩、选修课程内容和学习成绩、地方和校本课程内容和学习成绩。例如，学生参加学校组织的学期期末考试成绩，参加省级教育行政部门组织的学业水平考试成绩，参加校本课程学习的课程名称、课时数、成绩及学分，以及参加社团活动和兴趣特长发展等方面的表现。

3. 创新精神层面

在创新精神层面，重点考查学生独立思考和自主探究、发现问题和解决问题的意识和能力，特别是参加研究性学习的课题、时间、任务及成果等方面的表现。例如，设计研究性学习方案，依照方案开展研究性学习，完成并提交研究性报告及创新成果；参加与优势学科相关探究活动的内容、形式、持续时间，在学科竞赛中获得的奖励；等等。

三、身心健康

在身心健康方面，主要考查学生的健康生活方式、体育锻炼习惯、身体机能、运动技能和心理素质等。重点从健康生活和身心素质两个层面进行评价。

1. 健康生活层面

在健康生活层面，重点考查学生积极参加体育锻炼，保持良好的生活和卫生习惯，等等。例如，积极参加学校组织的各项体育活动，有序、合理地安排学习和生活，保证充足的睡眠和营养健康的饮食；有自律意识，文明绿色上网，有安全保护意识和能力；等等。

2. 身心素质层面

在身心素质层面，重点考查学生体质健康监测达标和体育运动特长情况，以及保持阳光健康的心态，学会控制、调节自我情绪，能以积极的心态应对困难、挫折，等等。例如，能根据《国家学生体质健康标准》要求，所有规定项目测试达标；参加校内外体育比赛，取得优异成绩；有良好的体型和体质及健康的运动习惯等；保持积极乐观的心态，抗压抗挫折能力强，等等。

四、艺术素养

在艺术素养方面，主要考查学生对艺术的审美感受以及理解、鉴赏和表现能力等。重点从美育活动和感受表达两个层面进行评价。

1. 美育活动层面

在美育活动层面，重点考查学生参加学校、社区（村）组织的音乐、美术、舞蹈、戏剧、戏曲、影视、书法等文化艺术类活动情况，以及参与美育活动的内容、形式、成效等。

2. 感受表达层面

在感受表达层面，重点考查学生的审美趣味与艺术技能掌握情况，以及发现美、感受美、欣赏美、表达美的能力，特别是在美育活动中表现的兴趣特长和取得的成果。

五、劳动与社会实践

在劳动与社会实践方面，主要考查学生在劳动与社会实践中动手操作、体验、经历等表现。重点从劳动品质和综合实践两个层面进行评价。

1. 劳动品质层面

在劳动品质层面，重点考查学生尊重劳动、热爱劳动，养成劳动习惯，掌握必备的劳动技能，以及参加日常生活劳动、生产劳动和服务性劳动等方面的表现。例如，参与劳动、勤工俭学等活动的内容、方式、持续时间、成效，学生的劳动观念、能力、习惯和品质，等等。

2. 综合实践层面

在综合实践层面，重点考查学生参加考察探究、社会服务、设计制作和职业体验等活动情况，如在参加社会调查、研学实践、公益活动，以及军训和学工学农等方面的表现，在各种劳动与社会实践活动中形成的作品、调查报告等。各地各校可依据本办法，结合实际，按照整体设计、突出重点、便于操作的原则，进一步细化评价内容和考查要点，体现区域规范与学校特色，确保评价公平、公正。

综合素质评价主要考查学生爱国情怀、遵纪守法、创新思维、体质达标、审美能力、劳动实践等素质。普通高中学生综合素质评价是客观反映学生德智体美劳全面发展情况的系统评价，是培育学生社会责任感、创新精神和实践能力及促进学生健康发展的重要手段，是深化新时代教育评价改革，深入推进素质教育的重要举措，是高考综合改革“两依据一参考”的重要内容。

六、具体做法

对于上文所提出的素质教育评价的新内涵，需要我们在日常的教学实践中进行落实，具体做法主要表现为：

1. 摒除传统评价观，树立因材施教的评价理念

现代教育评价是为了促进学生的发展，因此，教育评价强调改进、激励等功能，更多地服务于形成性评价。学生是教育的主体，教育评价应当遵循教育规律，不应该以统一的标准要求所有学生，应该“去标准化”，突出因材施教的个性化评价思路。教育评价的主体是学生，但是传统的教育评价模式忽略了学生的全面发展、个性发展，对学生的评价千人一面、千篇一律。[①] 无论教育评价的方式怎么改变，如果不注重学生的身心发展，也是枉然。教育是为了促进每个学生发展，学生在学校学习知识的同时，在心理上能健康成长，在擅长的方面能得到充分发展，在不擅长的方面能得到一定程度的发展，总的来说，就是根据不同学生的个体差异因材施教，使其得到全面的发展，让其个性得到张扬。

① 孙璐，张胜华. 高校学生素质教育与评价的现状分析和新认识［J］. 职业教育，2022，21（26）：10－12.

2. 秉持育人为本的全面发展评价理念

对学生的评价，既要注重他们完整的人生成长，又要注重他们的个性发展，并为其发展提供良好的生长环境和成长机会。在此基础之上，要把学生的发展与成长作为教育评价的重要部分与核心内容。首先，教育要坚持育人为本，教育应当也必须把育人作为主要任务（培养人德智体美劳全面发展）。教育是人实现全面发展的一条重要途径，应当把学生全面发展作为教育评价的宗旨，要求教师在关注学生的全面与个性发展的同时，也要注重关心学生今后的持续发展、终身发展，让学生在这样的教育评价体系下身心健康发展，能快乐自由地成长。其次，教育要强调文化育人。对学生来说，学校的评价可产生持续性的影响，有时候甚至是一生的影响，而这些都是其他方面不能代替的。学校的课程文化、制度文化、教师文化都会对学生的评价产生一定的影响。课程文化可以培养学生开阔的视野、创造力；制度文化可以规范学生的不良行为，从这些不良的行为中发现问题，进而利用问题去引导他们，让学生去解决这些问题，并从中积累一些解决问题的经验；教师文化对学生的影响是巨大的，因教师与学生直接接触的时间多，教师对学生进行科学的、客观的、合理的、积极的评价会对他们的发展起到一定的促进作用；在教师积极的评价下，学生会产生一种动力，在这种动力的引导下，学生会朝着教师期待的方向去努力。

3. 评价内容科学化

评价内容是综合素质教育评价工作得以顺利推进的关键，对于学生能够起到一定的引导与帮助效果，所以在进行人才培养的时候，需要将人才培养目标与内容有机联系在一起，不仅要关注学生的学科成绩，还需要充分考虑学生的实践能力，在设计综合素质教育评价体系的时候，应尽可能将学生的团队合作能力、职场礼仪、主动学习、诚信敬业、人际沟通、遵纪守法、心理素质等多项软实力综合素养也纳入评价之中，这样才能更好地促进学生综合素质的发展，最大程度优化学生综合素质教育评价体系。

4. 重新认识素质教育与考试评价改革之间的关系

人们对传统的考试评价方法缺乏应有的辩证分析，对考试评价改革赋予的期望过大。高考制度作为一项国家教育制度，对基础教育具有十分重要的导向作用，并仍将长期作为衡量高中学校办学水平和教学质量的一项重要标准。同时素质教育不能拒绝科学的量化评价。虽然考试无法全面检测学生的各种素质，但通过考试，确实能够比较客观地检测到学生在认知素质、心智技能、逻辑思维、学习能力、知识与技能掌握等方面的发展水平。[①] 考试结果虽然不能说明全部素质，但许多素质可以通过现代考试测量方法来判断。如果我们能够从质的规定性和量的规定性两个方面对学生加以刻画的话，评价结果一定会更加客观、全面和完整。

第二节 素质教育评价标准

在中国的传统教育和学习观念中，教育、学习的终极目标是“学而优则仕”。中国自隋唐以来实行科举制度，主要是为了解决国家选才用人的问题。这一选才用人的标准对中国教育的影响深远。科举制度在其诞生之时的确具有一定的积极意义，它使得下层知识分子有机会步入上层社会，打破了封建社会传统的、根据家庭地位选才用人的模式。从国家意义上讲，科举制度拓宽了国家选才用人的渠道，使其有更大的选择余地；从个人意义上讲，知识分子读书有了目标，有了通过读书来改变个人命运的机会。

然而，科举制度也带来了一些弊端，科举考试几乎成了评价知识分子读书成绩的唯一标准。人们读书普遍不再是为了提高个人素质，而是为了在科举考试中取得好成绩，这几乎成为读书的唯一目标。这种状况沿袭至今，影响了我们今天的选才用人方式。目前，我国在选才用人方面仍然大多采用考选制。对学生的评价标准也主要关注分数的高低，而对素质和能力水平的关注不够。由于这种评价导向，使教育产生了种种弊端：偏重智

① 张小雁. 高校素质教育的问题审视与创新路径［J］. 教育评论，2016（7）：23－25.

育，忽视德育、体育、美育及劳育；忽视学生个性差异，导致人才培养的机械划一；使学生处于被动应试地位，扼杀了学生学习的积极性和创造性。

传统教育的评价标准过于单一，对于学生的评价多从课堂表现、作业完成情况、成绩等方面评价，忽视了其特殊性。同时，“唯分取才”成为我国基础教育普遍的价值取向，判断学生学习成绩是否优秀的标准只有一个，那就是语言智能或数理逻辑智能，这必然导致我国的教育忽视素质培养，而只研究应试教育。

传统的应试教育往往把考试分数作为评价教育质量的唯一度量，并把教育评价错误地局限于认知领域，过分强调教育评价的选拔区分功能。例如，我国的高考选拔制度，国家虽然在大力倡导素质教育，但大学选拔学生的方式仍然以考试为主，考试分数决定了学生能选择的高等学校的层次，大多数学生必须通过高考的“独木桥”而获得好的进修机会。教育评级被当作一种“筛子”，在教育的各个重要阶段上都用它来淘汰掉一部分学生，在这样的方式下，学生的学习目的是应对考试，而不是主动地进行学习。许多教师往往只是单一地要求学生重视学习，不能进行自我反省，不反思自己的教学方法有没有问题，只顾着让学生们进行适应性的调节，从而使教学难以取得预期的结果。学生整天忙于学习，甚至占用了课间休息的时间。有的老师对学生正确的学习方法和创新的学习过程视而不见。学生为了取得好的学习成绩，不得不放弃自己的业余爱好和实践活动，学习不求甚解，死记硬背。久而久之，学生将产生厌学情绪，其主体性得不到应有的发挥。当然，虽然目前单一的评价标准并不是导致学生厌学等现象的唯一原因，但确实不利于推进我国素质教育的进一步发展。

加德纳多元智力理论有提到，不同个体通常情况下都具有较为独立的自我认知、身体运动、人际交往、视觉空间、语言、音乐、自然观察、数学逻辑等智能，而且不同个体在这八项智能上的强弱程度也是不一样的，对于不同课程的认知方式及接受能力本就存在着较大的差异，教师若使用统一化的评价标准是无法促进学生综合素质发展的，也没有考虑学生的个体差异。[①]

当然，就学习成果的评价而言，在目前的教育背景下，已经做了一些尝试，如将百分制改为等级制。然而，就实质而言，等级制虽然淡化了分数的绝对值，却与百分制几乎没有区别，它仍然驱使学生以最高等级为学习的终极目标。事实上，无论是百分制还是等级制，实质上都忽略了学生在学习上的个体差异。因为学生作为个体的人，在学习上是有其个体倾向的。而且每位学生的学习起点不同，个人素质及心理倾向也不同，如果以整齐划一的评价标准评价具有个体差异的学生，显然是不合适的。以国家制定的体育合格标准为例，因为每个学生的身体素质不同，同样的标准对于有些学生来说可能无须努力就可以达到，而有些学生则经过努力仍然无法达到。由此可见，传统的评价手段及其标准恰恰没有考虑到学生作为个体的人的因素，没有考虑到个体的差异，只关注了学生通过学习达到了多少分数，而没有注意到提高了多少，这显然与素质教育要求提高学生素质的本意不一致。因此，传统的评价标准必须突破，素质教育呼唤评价标准的创新。

针对现状，学校采用多元评价标准。尊重学生的个性化差异，体现“以人为本”和“多元智能”的理念，特别重视采用个性化评价标准，针对学生特长，开设丰富多彩的社团活动和课程，为学生提供更有针对性的个性化培养方案。每位学生都是独一无二的，老师要注意到他们的优点，激发他们的积极性，帮助他们克服学习上的困难。对学生的评价有多种方面，不能只关注学生的表现，要了解他们，发掘他们的长处，给予他们恰当的指导，培养他们的信心，全面提升他们的学习能力。

素质教育课程的评价标准须重视两方面的因素：一是学生接触的知识深浅、当前的教学大纲、活动的设置要符合学生的个人素质和接受程度；二是课程设置要科学，符合学生的认知水平。只有课程的设置多元化，才能适应学生的天性和社会对人才多样化的需求。

对于上文所提出的素质教育评价的新标准，需要我们在今后的教学中

---

① 陈洁. 高职学生综合素质教育评价体系研究［J］. 湖北开放职业学院学报，2022，35（3）：33－36.

进行实践和应用。此文列举如下几点建议。

（一）破除“唯分数论”

综合素质评价改革的首要前提是破除“唯分数论”。以分数作为评价学生的标准，其背后有着一定的理论逻辑。学生是学习知识和掌握技能的主体，学习则是逐渐理性化的过程，分数作为能被观测的外在标准，反映着学生的学习结果，被认为代表着学生的发展水平。传统学生评价观认为，分数是学生能力的外在表现，意味着学生知识的掌握和能力的提升。由此，在学校教育中，分数常常成为衡量学生能力或智力水平的绝对因素，提高学生分数成为教育的目的，高考招生时，分数也成为录取学生的主要标准。这极大地阻碍了分数应有的积极意义的发挥，因此，破除“唯分数论”势在必行。学生发展具有完整性、全面性、个体差异性等多种属性，而分数能否代表或能否全部代表学生的发展是存在疑问的。有学者指出，分数不能代表学生的整体素质，标准化的智力测验也无法反映出学生的潜在能力。①

因此，教育部颁发了相关综合素质评价改革文件，指出综合素质评价是对学生全面发展状况的观察、记录、分析，是发现和培育学生良好个性的重要手段，是深入推进素质教育的一项重要制度。并且，综合素质评价改革也是转变以考试成绩为唯一标准评价学生的举措，对学校教育实践和高考招生录取破除“唯分数论”具有重要意义。

破除“唯分数论”并非完全抛弃分数，而是既要正确认识分数的价值和意义，也要充分发挥分数的正向作用。分数既是学生某一方面能力的呈现，也是学生下一阶段学习的指向标，但“唯分数论”割裂了学生整体发展的价值取向，可以肯定地说，只有破除“唯分数论”，才能实现人才选拔的科学性。高考是连接基础教育和高等教育的重要节点，发挥着选拔合格人才进入高等教育的基本功能。“选拔什么样的人、怎样选拔人”关系到高等教育的质量。将学生的综合素质评价作为高考录取的重要参考，可以促进高考选拔人才的科学性，进而转变学生评价的单一维度，真正从现实层

① 刘钧燕．“双减”下家校社协同推进素质教育发展［J］．群言，2021，（11）：33－36.

面上落实素质教育理念。素质教育指向学生的全面发展，学生德智体美劳多方面的协调发展是学生评价的真正价值所在。

（二）构建素质教育下学业评价制度的方法

建立全新的学业分层评价标准，即通过了解和研究学生学习能力和学习基础，根据学生的实际差异和学习可能性水平将学生分成若干层次，如优、良、中、差等，并根据学生学习基础，确定各层次学生在一定时期内的可能发展潜力和未来奋斗目标，对不同层次的学生学业设立不同的衡量标准，以此来评定学业，确定学习表现优的学生并进行奖励，规范和激励学生的学习。在制定分层评价标准时，必须注意以下技术问题，以真正实现分层评价对学生持续发展的刺激作用。

1. 目标难度问题

分层评价的目的是调动每个学生的学习积极性，使每个学生在原有的基础上都得到发展。因此，所设立的分层评价标准既要切合学生的实际水平，又要瞄准学生的“最近发展区”，瞄准较高层次的发展目标。只有这样，才能更好地发挥评价的导向和激励功能，鼓励学生不断地向更高的目标攀登。换言之，要处理好学生学业目标难度问题，确保目标难度的适宜性，确保大多数学生经过努力能有效地实现。

2. 差异分层问题

根据学生原有的学习基础，对学生的学业进行分层：学业优秀，即 90 分以上者，采用优秀认定标准，凡在以后的学习中某一学科的考试成绩保持 90 分以上，学习表现即为优，以避免尖子生因为学业评价过分强调分数和名次而形成外在动机和厌学现象；80 分以上者，采用每科进步 2 ~ 3 分，或成绩跨入 90 分以上，即为学习表现优秀；70 分以上者，可采用每科进步 4 分，即评定为学习表现为优；而 70 分以下者，凡每科进步 5 分，学习表现确定为优。由此可知，学业分层评价制度实质是一种双轨制，即学习优的绝对认定和学习表现优的相对分层认定。至于分多少层，每个层次学生学习表现优的目标分数为多少，必须考虑对大多数学生的适用性问题。比如德育则采用单层的发展性的优秀认定标准。

3. 发展性潜力变化带来的技术问题

采用学业分层评价制度后，学生经过一段时间的学习，发展潜力可能变小，也可能变大。但从总体上看，越是进入高一年级的学习，对智力的要求越高，难度也越大，发展潜力越小。因而对学生学习目标的分数跨度也必须作适当调整，以适应学生的发展潜力，避免给学生带来不必要的心理挫折。

（三）采用相对评价、绝对评价和个人内差评价结合的方法

素质教育是一种以全面提高学生的基本素质，进而提高民族素质为价值取向的教育思想。因此，为了适应素质教育的需要，对学生学习成果的评价，我们应更多地采用个人内差评价的方法。所谓个人内差评价，是比较同一个体在同一学科内或不同学科间的成绩或能力差异的评价。这样，就可以在一个学生的不同学习能力之间进行比较，以了解其优势和弱点，并开展有针对性的教学。也可以将其过去的成绩与后来的成绩进行比较，以了解其进步情况。这种评价是依据个人的标准进行的，不同于相对评价和绝对评价，它对于每个人有每个人的评价标准，而没有团体的共同标准。这样，我们就可以通过测量，了解该学生通过学习其素质提高了多少，而不是达到了多少。[①]

但应用个人内差评价并不是说要彻底抛弃相对评价和绝对评价。在对学生学习成果进行评价的过程中，可把三种评价方式结合起来，既让学生知道自己达到了什么标准，自己在团体中处于一个什么样的位置，又让学生了解自己经过努力，比以前提高了多少。同时，教师也可以了解到自己的工作成绩。因此，我们说素质教育背景下的学生学习评价标准，应该是相对评价、绝对评价和个人内差评价综合运用的结果。

---

① 王义遒. 落实教育评价改革与发展素质教育要并驾齐驱［J］. 中国大学教学，2021（1－2）：12－16.

（四）科学合理地将各评价标准相结合

对教育的评价标准主要有三：社会对人才的需求标准、课程标准和升学考试标准。要建立一个科学合理的评价机制，必须将各评价标准结合起来。一方面在宏观上具有统一性，另一方面在微观上具有多样性。宏观上的统一是将三项标准协调起来，尽可能地减少教育中的片面性，教师的一切工作也就会真正落实到为社会培养合格人才的努力中去，新课程标准中的课程目标就会达到。微观上的多样性就是要尊重学生的个性，教育要真正适应不同学生的特殊性，要与社会需求不同类型的人才协调起来。① 在三个层次上均有相应的评价标准和评价方式，改变过去只注重知识的片面的评价方法。也就是说，在新的升学考试评价机制中，要同时具有多种考试方式，从而对学生在新课程目标达成方面有一个尽可能客观的评价。

第三节 素质教育评价方式

传统的评价方式以总结性评价为主，以纸笔测验的结果来判定学生的能力，存在一定的片面性。其主要采取的方法是标准化测验，这种方法可以评定出学生在学校中学到知识的程度和水平。测验得分较高，说明学生智能发展的水平高，否则说明学生智能发展的水平低。这样学生容易形成一种定式思维，思维缺乏拓展性。这种评价方式忽视了对学生在学习过程中所展现出来的能力与态度的考量。同时，传统的评价方式以教师评价为主，家长评价与学生自评的作用未被发掘。

另外，评价方法非公平化。通过调查发现，一部分教师受主观偏见的影响，或自身认知不足，对学生的教育评价有失公允。但每一个学生都是一个独立的个体，这个特殊的个体都有着自己的价值，需要通过实现自我价值去完善自我。

教育专家陈玉琨指出，教育评价应当是对教育活动现实的（已取得的）

---

① 詹万生. 新时代素质教育发展体系研究［J］. 创新人才教育，2020（3）：26－29，67.

或潜在的（还未取得，但有可能取得的）价值作出判断，以期达到教育价值增值的过程。就一所高校来讲，对学生的学习效果进行评价的方式有很多种。有研究者认为，教育评价是对学生个体发展情况和学习效果作出评判，而衡量某些专业学生的学习效果，可以采取直接观察其“表现”的方式。

当前，我国正处在产业加速转型升级、公共服务快速发展的阶段，社会急需大量高层次技术技能型人才。《国务院关于加快发展现代职业教育的决定》（国发〔2014〕19 号）和《现代职业教育体系建设规划（2014—2020 年）》（教发〔2014〕6 号）两个文件先后出台，拉开了地方本科院校向应用技术型高校转型的大幕。今后，符合社会需求的应用型人才的就业空间会更加广阔，培养出在能力和素质方面能够与社会需求实现“无缝对接”的专业人才，是本科院校的重要任务。在此背景下，对高中生进行评价的方式也应作出相应调整。

素质教育在评价方法的选择上，要考虑到综合素质评价内容的复杂性。若单纯采用定量评价，则可能面临评价结果过于简单，部分评价内容本不适宜量化却随意量化，则可能导致评价缺乏信度等问题。若单纯采用定性评价，则会面临评价结果主观性过强或评价结果区分度不高等问题。基于此，素质教育应该采取定量评价与定性评价相结合的评价方式。

在发挥育人功能上，采用定性评价为主的评价方法。具体步骤：首先，收集学生各项能突出综合素质评价内容的材料，并对材料进行归类；其次，每学期期末，由学校统一组织各评价主体，综合学生的各项材料，以评语的形式对学生作出评价；最后，汇总各主体评价结果，形成学生综合素质持续发展记录单，总结学生本学期的综合素质评价情况。

在发挥人才选拔功能上，采用定量评价为主的评价方法。具体步骤：首先，制定科学的评价标准、初始分数、赋分方式等；其次，由任课教师根据学生在教育教学过程中的表现，对学生的素质进行评分；再次，计算学生的综合素质评价分数；最后，在毕业学期，形成学生综合素质评价总评成绩报告单，并将综合素质评价成绩纳入高考体系，作为高校招生录取的依据之一。

为突破传统的评价方式，我们要逐步推进素质教育评价方式，本书主要列举以下几点做法：

一、构建科学的评价体系，有效发挥教育评价的导向功能

2020 年 10 月，中共中央、国务院印发了《深化新时代教育评价改革总体方案》，为教育评价改革提供了方向指导。方案明确指出，要树立科学成才观念，将过程性评价与总结性评价相结合。过程性评价主要通过专项的学习能力提升活动、开展期末素养活动来体现，重点关注学生的学科关键能力与多元智能的发展，注重学生在学习过程中的兴趣、创新、参与、对知识的综合运用等。总结性评价主要从教材要求掌握的知识与能力等方面对学生开展评价，分知识板块，进行书面测试，让教师对学生的学情有更全面的了解，帮助学生明晰学习的方向。过程性评价与总结性评价相结合，既关注过程，又关注结果，二者协调统一，有助于全面展现学生的表现情况。①

对于学校而言，在具体的教学实践中，需重视表现性评价，通过表演、作品展示、实践操作等方式，给学生创设真实的学习任务，在学生完成实际任务的过程中来评价学生的发展。不仅评价学生基本知识、基本技能等的掌握情况，还通过对学生表现的观察分析，评价学生在实践能力、态度、情感、价值观等方面的发展情况。还可以以生活情景为载体进行综合素质测评活动。这样的设计有利于搭建知识与实践的桥梁，增强学生学以致用的意识，提高学生解决实际问题的能力。

二、完善评价方式，切实落实评价主体多元化

学生作为学习的主体，在各学科的评价活动中都是积极的参与者与合作者。我们应鼓励同伴、学生、教师和家长共同参与评价，实现评价主体的多元化，帮助学生在自我评价、互相评价、师长评价中不断反思，认识自我，从而实现自主学习和发展。

我们在评价主体中加入家长。家长的参与为家校沟通搭建了有效的互

① 陈献宏，王琪鑫. 关于素质教育评价体系的思考［J］. 西部素质教育，2019，5（17）：47，49.

动平台，同时能够让家长更加全面地了解孩子的学业情况。随着对综合素质评价理解的升级，在接下来的评价方式中纳入学生互评。学生互评有益于促进同伴之间协作学习的能力，有利于促进异质学生的个性化发展。学生自评有利于激励学生自我成长，学生的自我认知与自我反思的作用不容忽视，这有助于更全面、更高效地指导教师的教与学生的学。评价主体多元化有助于提升教育评价的客观性，有助于健全综合素质评价体系。

要想在教学实践中真正落实评价主体的多元化，要加强对各评价主体的相关培训。各主体在进行评价前，应该对评价工作与评价内容有所了解。传统以考试为主的评价模式已经实行了很多年，在教师、家长乃至学生的思维里，教育评价还是以传统的考评模式为主，对于发展性评价及综合素质评价的理念尚不了解。因此，学校应该组织对相关评价主体开展培训。培训内容包括解析政府发布的有关综合素质评价的文件，树立正确的评价理念，厘清教育评价的功能，普及发展性评价的概念，向相关评价主体介绍教育评价的目的、评价的内容，尤其是评价方式与评价结果的使用，避免评价主体在实际操作中出现不知道“评什么”“怎么评”的问题，应事先明确各评价主体评价的价值与意义。另外，学校应积极搭建各评价主体之间沟通的桥梁，各评价主体间积极互动，保持联系，做到自评与他评相结合。例如，教师对学生成绩与日常表现进行追踪与记录，将记录及时反馈给学生。学生通过对自己学业情况及活动表现的记录，与教师记录、同伴评语或家长评语相结合，审视反思自身的不足，发扬自身的特长，同时将自身认知与感受反馈给教师与家长，使教师与家长更好地了解学生的情况。在自评与互评的实际操作环节中，要注意避免受主观情绪的影响，各评价主体应在客观事实的基础上进行评价，确保评价的科学性、客观性及有效性。

三、搭建电子信息管理平台，实现评价网络化

随着时代的发展，过程性评价逐渐走入教育工作者的视野，教师开始关注学生在学习过程中的表现，通过成长档案袋的方式来记录学生的成长信息。但以往的档案袋评价多用纸质材料记录，受不易保存、收集信息费时费力等现实因素的影响，档案袋评价往往半学期开展一次，不利于及时

记录学生真实的成长状况。当今电子信息技术飞速发展，科技的发展突破了技术的壁垒，学校应该利用信息技术建立综合素质评价管理平台，电子信息管理平台具有多方面的优势，如电子数据库能及时、有效地将在教育教学过程中自然形成的、能反映学生综合素质发展过程的、有代表性的信息及时记录和储存下来，并可反复对照和查看。电子信息管理平台为过程性评价的开展提供了便利条件。

四、针对不同的评价内容和考查要点，选取适当的评价方法

坚持质性评价为主、量化评价为辅，综合使用行为观察、定量评价、表现评价和评语评价等方法，创新过程性评价方法，有效开展综合素质评价。

1. 行为观察

行为观察主要采用观察法和行为记录法，对反映学生综合素质主要内容的具体活动进行观察与记录，作为评价的基础材料和事实依据。学生参加校内外活动情况由本人如实记录；学生在校日常典型行为表现由教师观察记录。观察记录要坚持真实客观、注重过程、突出重点，主要记录学生的突出表现和典型事例，充分反映学生的成长进步情况，起到鞭策激励作用，要避免加重教师和学生的负担。

2. 定量评价

定量评价主要采用测验、量表等量化评价方法，对学生德智体美劳等方面的表现进行测量，通过数据了解学生综合素质发展状况。测验法主要适用于对学生各学科学业成绩进行评价；量表法主要适用于对学生心理健康、人际关系等方面的评价。

3. 表现评价

表现评价主要通过组织学生完成作品设计与展示、口头表达与戏剧表演、实验操作等实际任务，观察学生在完成任务过程中的表现，来评价学生的思维能力、动手能力、表达能力、应变能力和创造能力。表现评价适

用于评价学生实际完成任务的综合能力，重点关注学生的行为过程和能力表现。

4．评语评价

评语评价主要运用描述性语言对学生的发展状况进行客观评价，包括学生自我评语、教师评语、同伴评语和家长评语。评语要体现整体性、发展性和针对性原则，既要指出学生的优点和成长进步情况，又要指出改进和努力方向，避免千人一面。

五、制定具体的评价流程

针对上文提出的方法，需制定具体的评价流程，建立“普通高中学生综合素质评价信息管理系统”，以普通高中学校为单位，按照学生学籍管理关系，为每一位学生建立综合素质评价档案。具体包含如下几方面：

1．写实记录

写实记录的主体包括学生、教师和其他相关记录者。记录者依据评价内容和考查要点，客观记录学生在成长过程中反映综合素质主要内容的具体活动。

（1）记录内容。主要包括学生学业成绩、基本数据、荣誉凭证、优秀作品、活动案例和成长故事等。教师结合日常教育教学工作，重点记录学生课程修习情况、体质健康测试结果、评优评先情况、志愿服务时长与次数等方面的基本数据；学生结合日常学习生活，重点记录本人获得的荣誉凭证、发表的优秀作品、社会实践活动案例和成长感悟体验等方面的信息。

（2）记录方式。统一采用综合素质评价电子信息管理平台进行记录。主要采用文字记录，同时可以根据参加活动的类型特点，辅助采用照片等图片资料进行记录。视频、实物、家长评语、同伴评语等记录材料由各地各校筛选留存。

（3）记录要求。教师要指导学生做好写实记录，并积极发挥家长的协助作用，促进家校共育。教师和学生要客观真实地记录学生典型性、代表性的活动和关键材料，一般性活动不用记录。学校要认真组织做好日常写实记录，避免集中突击，严禁学年末，特别是毕业学期集中组织收集材料、填写记录。

2. 整理遴选

每学期期末，教师指导学生整理、遴选能反映其思想品德、学业水平、身心素质、艺术素养、劳动与社会实践等方面具有代表性的重要活动记录、典型事实材料及其他有关证明材料，由学生向学校提出入档申请，汇总上报有关信息，并对用于招生使用等所有材料的真实性做出承诺，签字确认。签字确认的原始材料要保存至学生毕业后 2 年。

3. 公示审核

学校对整理遴选出来的活动记录和事实材料，必须于每学期开学第一周在教室内、学校公示栏、校园网或电子化管理平台进行公示，公示时间不少于 7 个工作日。同时，学校要设立举报箱和电话，对公示内容提出疑问和质询的，应及时核实处理。班主任及有关教师要对公示后的材料进行审核确认。

4. 形成档案

每个学期整理遴选的材料经公示审核确认后，生成学生学期综合素质评价档案。坚持“谁记录、谁负责”的原则，学生综合素质评价信息一经确认，任何人不得篡改。每学期期末和毕业前，教师指导学生撰写自我陈述报告，自我陈述报告和教师评语要纳入综合素质评价档案。

5. 综合评定

由学校每学期按优、良、合格、不合格四个等级，对学生综合素质发展状况进行等级评定。原则上，思想品德、学业水平、身心健康、艺术素养、劳动与社会实践五项评价内容均达不到优的综合评定等级不得评定为优（身体有残疾的可酌情），综合评定为优的比例控制在 20% 以内。

总之，评价要关注学生学业发展水平，不是单一地强调考试分数。而是在重视学生基本知识和基本技能的基础上，更加重视他们的终身发展和创新能力。对他们的评价要突出学习思维方式、人际交流、创新实践等核心素养。评价要关注学生的潜力，关注下一阶段学生的成长和进步。评价要关注学生发展，在教育教学过程中有效收集学生的发展信息和数据，根据信息和数据进行科学分析，对课堂教学开展有效评价。评价要改变对教育教学质量观的片面认识，真正让“综合”“个性”“探究”“素养”“创新”等关键词“走进”评价体系。

我国基础教育改革已经进入深水区，教育教学重心已逐步由量向质转变，有效发挥教育教学对学生自身成长和发展的积极作用，帮助他们实现全面发展是教育教学追求的终极目标。每一位教育工作者都要具备改革、探究和创新能力，从自我做起，从教学中的点点滴滴做起，努力促进教学评价制度的创新，用教学实践落实素质教育。

第五章

高中生综合素质评价指标体系研究

学生综合素质评价是我国教育改革的重要内容。党的十八大报告对教育的根本任务和总体目标做出了明确指示，报告指出，“把立德树人作为教育的根本任务，培养德智体美劳全面发展的社会主义建设者和接班人”。因此，建立健全综合素质评价指标体系成为合理评估学生发展及促进学生健康成长成才的基本框架和基本标准。但在我国教育发展不平衡，地区教育“贫富差距”依旧明显的教育背景下，学生综合素质评价指标体系还存在诸多问题。①②③ 其中，高中教育作为学生从基础教育向高等教育跨越的重要环节，科学有效的高中生综合素质评价指标体系有利于学生正确认识自身发展的方向；有利于教师因材施教，充分挖掘学生的潜能；有利于社会合理优化教育资源配置，实现教育改革的最终目标。

第一节　高中生综合素质评价指标相关概念

一、综合素质评价内容

自20世纪80年代，美国心理学家加德纳提出多元智力理论以来，诸多研究者认为智力并不是单一能力，而是一组能力的结合，即智力具有多元属性。④ 此后，世界众多国家或地区如美国、英国及我国台湾、香港地区均采用了多元评价的方式来综合评估学生的发展状况。近年来，我国也越来越重视学生的综合素质培养，以期满足教育改革背景下新的教育理念和目标。

《中国学生发展核心素养》提出了其总体内容框架为文化基础、自主发展和社会参与三个方面。通过进一步细化，上述三个内容可分为人文底蕴、

① 谢曼，黄纯雁. 高中生综合素质评价的多视角探索［J］. 考试研究，2013（3）：29－33.

② 李宝庆，樊亚峤. 高中生综合素质评价方案：问题及改进［J］. 教育发展研究，2012（10）：25－29.

③ 丁念金. 析“中国学生发展核心素养”研究成果的五十个不足［J］. 教育导刊，2018（1）：5－11.

④ 谢曼，黄纯雁. 高中生综合素质评价的多视角探索［J］. 考试研究，2013（3）：29－33.

科学精神、学会学习、健康生活、责任担当、实践创新六大素养。值得注意的是，素养和素质之间的关系紧密。核心素养的提出是为了更有效地实现学生的素质目标。换句话说，素质是素养培育和发展的目标，注重学生发展的结果；而素养则是素质形成的过程，注重学生发展的动态性。[①] 因此，全面理解中国学生发展核心素养成为构建综合素质评价体系的重要环节。

全面发展学生核心素养需要充分考虑目的性、对象性和阶段性。首先，教育的目的是“立德树人，为社会主义建设培养建设者和接班人”。基于这一总体目标，综合素质评价体系的建立需要反映我国的教育国情，充分展示社会主义制度的优越性和先进性。其次，评价的对象是学生，并且是全体学生。综合素质评价体系绝不能只反映部分学生，而应该囊括不同地区、不同学情的所有学生。最后，综合素质评价体系的建立需要充分表现阶段性和层次性。值得注意的是，阶段性评价不仅体现了不同学段的差异，而且反映了不同学生之间的差异，这是教师因材施教的基础。[②]

二、综合素质评价指标

不同学段的综合素质评价是保持一致的，因为教育的根本任务和总体目标是一致的。综合素质评价的指标必须满足教育目标和任务的要求。但个体发展的不同年龄阶段具有不同的特点，如高中生正处于同一性建立的阶段，其自我意识已得到高度发展，因此，高中生综合素质评价应有其独特的指标。

根据《中国学生发展核心素养》提出的总体框架和六大素养，当代学者进行分析综合，将其归纳为适合高中生综合素质评价的指标。指标包括思想道德、学业表现、身心素质和实践创新。思想道德主要考查学生在爱党爱国、理想信念、诚实守信、仁爱友善、责任义务、遵纪守法等方面的表现。学业表现主要考查学生在学习成绩和学习态度、习惯等方面的表现。

① 李帆．打通学生综合素质培养的多元通道［J］．中小学管理，2019（7）：40－42．

② 刘敏慧．基于层次分析法的普通高中学生综合素质评价模式的研究［J］．贵州师范学院学报，2015（6）：46－49．

身心素质主要考查学生在体质体能、生活卫生习惯、人际关系、自我认识等方面的表现。实践创新主要考查学生在实践能力和创新能力等方面的表现。上述四大指标基本涵盖了核心素养发展的总体框架和六大素养，能够较为有效地指导学校和教师综合评估学生发展，为学生全面发展提供标准。①②

三、综合素质评价指标体系的构建

虽然近年来一系列研究均提出了学生综合素质评价的相关指标，但这些指标都没有形成统一的综合素质评价指标体系。所谓体系，是将各种指标综合化，形成规范的评价标准。因此，在形成指标体系的过程中除了需要相应的评价指标外，还需要将评价过程、评价对象、评价结果标准化。②③

评价指标标准化是将评价的各项内容综合形成规范统一的评价标准，使得学校和教师在对学生进行综合评估时能做到评价内容的统一化和系统化。评价过程标准化是不带有个人意志和情感地对学生进行评价。无论教师的品格有多么高尚，也总是会有自己的喜好，因此，不同教师对同一学生进行评价的过程也总是会带有自己的情绪和观点。这种“先入为主”的观念可能会夸大或低估对学生的判断，因此，评价过程需要有统一的方法来规范或消除评估者对被评估者的情绪和刻板印象。评价对象标准化是被评估的客观人群需要统一。不同年龄阶段的学生由于其自身发展特点和神经发育的成熟度不同，故有一些评价指标是不适用某一年龄阶段的。例如，根据柯尔伯格的道德发展理论，认为小学阶段的学生还处于前习俗水平或习俗水平阶段，因此，我们无法通过严格的遵纪守法来评估学生的道德水平。而高中学生的道德水平已进入后习俗水平，此时简单的道德约束也不适用于评估高中学生的道德水准，而是应该采用道德和法律相结合的评估

① 高霞. 高中综合素质评价的有效性探究：以江苏省为例［J］. 教育教学论坛，2012（38）：32－34.

② 陈同斌，王玲. 新课程改革下高中综合素质有效评价策略探究［J］. 考试周刊，2019（25）：21.

③ 王洪席. 高中学校实施综合素质评价的内在逻辑［J］. 中小学教师评价，2018（9）：38－41.

手段。因此，明确评估对象，针对不同对象制定合理的评估内容和方法是建立评估指标体系的重要前提。评价结果标准化是对于学生评估的最终结果需要进行标准化的呈现，并且对于呈现的结果需要进行标准化的解释。以往学生的评估结果往往以考试成绩为代表，但随着时代的发展，考试成绩只能作为综合素质评估中的一个重要指标，不能代表学生的综合素质结果。因此，通过多个指标综合评估学生的发展状况才是合理有效的。这是综合素质指标体系的重要用途和核心价值。

第二节 当前高中生综合素质评价指标体系存在的问题

一、特征问题

高中是学生从基础教育向高等教育过渡的重要阶段，也是学生自我意识和自我同一性高度发展的重要时期。因此，如何通过综合素质评价来判断不同学生的发展方向，做到优化配置教育资源，激发学生的潜能，指导学生进行合理的专业和职业规划，这成为高中生综合素质评估的重要内容和首要目的。在以往的教育教学过程中，考试成绩作为评价高中学生优异程度的重要指标。但随着近年来教育改革的不断深入，越来越多的研究者和教育家认为高考成绩不是唯一决定学生素质水平和未来发展的指标，思想道德、身体健康、实践创新等非成绩指标也应纳入高中生综合素质评价指标体系。①②③

这一认识的改变至少说明了当前的教育观念抛弃了传统的“成绩至上”的观点，逐渐融合了多元化的教育评估标准，但从其构成特征出发依旧存在问题。第一，当前的评价指标科学性不足。一方面，高中生的身心发展在整个高中阶段是急剧变化的，教师并不能在整个高中阶段都采用一套评

---

① 谢曼，黄纯雁．高中生综合素质评价的多视角探索［J］．考试研究，2013（3）：29－33．

② 杨然，齐贝贝．基于多元评价的高中生综合素质评价体系研究［J］．中国基础教育，2018（5）：47－50．

③ 王秀仙．高中生综合素质评价体系与探究［J］．教学研究，2017（2）：109－110．

价指标来衡量学生的综合素质。每个年级都有其主要的任务和目标，综合素质指标应该根据不同年级的任务和目标来不断修订和完善。这种年龄之间的不平衡会造成评价指标体系的科学性降低。另一方面，地区教育发展不平衡，这使得不同学校的教育资源，如课本、教学设施、师资配备等没有统一的标准，如果采用相同的评价指标，则会造成新的教育不公平。

第二，评价指标过于笼统，缺乏层次性，可能会造成教育资源的浪费。由于高中生面临的首要挑战是高考，所以针对高中生的综合素质评估应该作为高考制度的补充。[①] 换句话说，在高中阶段，高考依旧是高中生的主要目标，其余因素都应在其统领下进行。根据这一要求，无疑对综合素质评价体系的建立提出了更高的层次要求。在当前的评价指标体系中似乎并没有充分体现这种层次性，因为无论是三大方面还是六大素养，在评价过程中都缺少相应的权重规划，这就可能造成相应的教育资源无法运用到促进学生天赋的发展上。而评价指标笼统，导致学生对于自身发展的认知不十分清晰，教师和学校在促进学生全面发展的过程中也容易产生偏差，导致学生无法发挥自己的潜能。

二、操作问题

虽然《中国学生发展核心素养》明确提出了三大方面和六大素养，但在教育实践过程中还需要更加合理和科学的评价维度来进行拟合，而当前综合素质评价指标的不同维度存在复杂化的问题。经过研究，要发展学生的核心素养，则要进一步细化为十八个基本要点（人文积淀、人文情怀、审美情趣、理性思维、批判质疑、勇于探索、乐学善学、勤于反思、信息意识、珍爱生命、健全人格、自我管理、社会责任、国家认同、国际理解、劳动意识、问题解决和技术运用），这些基本要点相互之间存在着高相关关系。这也就造成了核心素养并不“核心”，其反映的内容过多且复杂，远远超过了核心素养的范围。[②③] 面对如此多的评价指标，在实际操作中往往并

① 谢曼，黄纯雁. 高中生综合素质评价的多视角探索［J］. 考试研究，2013（3）：29－33.

② 李宝庆，樊亚峤. 高中生综合素质评价方案：问题及改进［J］. 教育发展研究，2012（10）：25－29.

③ 黄旭广. 中国学生发展核心素养新议［J］. 大学教育，2017（11）：120－122.

不容易全部涵盖，这样一方面加重了高中学校和教师评价过程的复杂程度，另一方面也增加了高中生全面发展的负担。因此，如何通过简化评价指标的方式，让每个指标既能合理、科学地反映评估内容的具体特点，又能展现评估的广度和深度，成为建立综合素质评价指标体系的重点和难点。

另外，评价过程的可操作性不强也是当前综合素质评价指标体系的重要问题。具体表现在评价指标难以测量、操作客观性难以保证两个方面。首先，在已经确定的这些指标中，似乎只有学业成绩能通过分数量化来客观评价。近年来，随着统计学方法的不断发展，分数量化成为评价过程中的重要手段。但是诸如思想道德这类指标很难通过分数来客观表现。所以，如果不加区分地将所有指标都通过量化的方式纳入指标体系，必然会影响整个体系的评价质量。其次，评价过程通常采用自评和他评相结合的方法。但是高中生自我意识高度发展，其在自评过程中往往会高估自己的综合素质。并且高中生在校时间远远大于在家时间，这就导致父母的他评并不客观。最后，教师对于每个学生的认知是有限的，往往会通过学习成绩和学生平时表现所形成的刻板印象进行评分，这也会造成评价的不真实、不客观。

三、结果问题

评价的目的在于对被评价客体进行综合分析，最终获得评价的结果。而高中生综合素质评价的最终结果需要从各个指标出发，以指标为单位，形成对高中生各方面能力的动态性评估。据此，当前的评估结果存在动态性不足、利害性低、结果解释随意等问题。

当前综合素质评价指标体系缺少针对多学段不同学生客体的研究和分析，这就造成了指标滥用的情况，即缺少动态性评价。自高考恢复以来，“一考定终身”的评价标准深入人心。无论是学生、学生家长，还是教师和学校，都将学生的学业成绩作为衡量学生素质和能力的唯一指标。随着教育改革的深入和教育理念的革新，多元化的评价指标体系也被相应提出，但这种多元化的体现还是处在治标不治本的阶段，因为仅仅依靠指标的多元化并不能消除发展过程中教育不平等和发展不均衡的现象。因此，在不考虑学生发展阶段的情况下确定评价指标是不科学、不合理的。[①]

评价结果的利害性低也是结果评定和解释中存在的重要问题。利害性低主要表现在结果并不能切实有效地反映学生的身心发展状况和特点，也无法根据评估结果确定学生未来的发展方向。当前的评价指标具有弥散性的特点，并广泛存在于学生发展过程中的各个方面，因此，根据这些指标得到的评估结果也很难描述和把握学生的总体发展状况。高中生正处于发展的特定阶段，成人感和自我意识得到快速发展，如果不能正确地为其提供指导和建议，那么综合素质评价的作用将大打折扣。另外，还有一个问题即对在当前综合素质评价指标体系的框架下得到的结果也没有进行恰当的解释。解释的主体一般是教师，但教师个人的情感和刻板印象均会影响不同学生综合评价结果的解释。最重要的是，高中生综合素质评价在实践中根本上也未对结果进行解释，往往班主任的评语就总结了一个学生一个学期的总体表现。这种评估主体的单一化和随意性必然造成评估结果的不准确，也降低了评价结果的正确性和适用性。

第三节 高中生综合素质评价指标体系的改进措施

一、评价指标层级化

综上所述，贯穿于综合素质评价指标体系的核心问题，是当前的指标体系没有体现分层的思想。结合高中生心理和生理的发展特点，需要有特定的评价指标来进行规范。[②] 另外，地区教育发展的不平衡也是规划评价指标体系需要考虑的重要因素。如果能够满足这两点的要求，则有利于促进地区教育公平和个体教育公平，有利于评价指标体系建构的合理化和科学化，有利于评价操作的实施和解释。

---

① 李宝庆，樊亚峤．高中生综合素质评价方案：问题及改进［J］．教育发展研究，2012（10）：25－29.

② 黄飞红，田小燕．高中生综合素质评价体系研究：以新北中学为例［J］．中外教育信息，2019（10）：151－152.

实际上，由于地区经济发展的不平衡，则会造成教育资源分配不均等。此外，高中生的个体发展存在时间和性别差异。有些高中生智力发育较早，而有些高中生智力发育较晚，男女生所擅长的学科也不尽相同。因此，以一种指标体系来衡量全国高中生的综合素质是不合理的。为了解决这个问题，在建立高中生综合素质评价指标体系的过程中，则需要充分考虑地区的发展状况和学生的发展特点，以此保证从不同层次来充分、正确地评估学生的综合素质。

二、评价指标操作化

建立健全、合理、科学、可操作性的高中生综合素质评价指标体系是一个长期的过程。为了实现综合素质评价指标的可操作化，需要建立和完善综合素质评价的公示制度和监测制度；减少评价主体的数量，强化评价主体的专业性；简化评价指标，提高评价指标的针对性。①②

综合素质评价的公示制度和监测制度是评价得以开展的重要保证。近年来的研究主要集中在不同评价指标的提出和优化上，而忽略了相关的保障制度。综合素质评价的开展需要公开透明，评价过程具有公信力，评价结果具有可信度，结果解释具有权威性和指导性，以确保评价的透明度和公众的知情权。

虽然对于评价主体要求多群体共同进行，但还需要保证评价主体具有科学性和专业性。一方面，需要加强教师对于学生评价的教育培训，实现教师作为评价主体的主力军，在评价过程中起到主导作用；另一方面，需要完善高中生自评环节，使各个环节在意义上不存在歧义，提高自评的效度。此外，评价的主要内容和占比要合理分配，高中生一天中的大部分时间在学校里，因此家长对学生学习情况的了解程度还不如同学和老师。如果家长在学习方面评价比重过高，可能会导致结果的不准。但不可否认的是，家长对学生内在特质的了解会远超同学和教师，因此适当减少家长对学

① 丁念金. 析“中国学生发展核心素养”研究成果的五十个不足［J］. 教育导刊，2018（1）：5－11.

② 杨飞. 高中生综合素质评价体系研究与应用［J］. 教育教学论坛，2017（2）：81－82.

生学业的评价，增加对学生内在品质的评价，可能会优化评价过程和内容。

近年来开展了大量针对高中生综合素质评价指标体系的研究，导致不同的指标层出不穷，但究其本质可以发现诸多指标之间存在高相关性。因此，简化指标成为综合素质评价指标体系得以建立的重要环节。在精练评价指标的过程中，首先，需要做到评价指标和高中课程教学相结合。高中生的首要任务依旧是学习科学文化知识，因此，学业成绩依旧需要作为综合素质评价的核心。同时，需要弱化“成绩表现性评价”，转而加强“成绩和价值观评价并行”的评价模式，这样既保证了学业成绩的核心地位，也强调价值观辅助高中生成长的重要作用。其次，需要将“表现型指标”和“完成型指标”相结合。表现型指标强调了学生实践过程中的表现，能够客观反映学生实践中的综合能力，而完成型指标则是衡量学生实践的结果。如果两位学生在实践中的综合能力表现相同，但最终结果却有好有坏，则这两位学生应该有不同的综合素质评价结果，绝不能单以过程导向或结果导向来判断学生的能力。

三、评价指标指导化

建立高中生综合素质评价指标体系的最终目的是指导学生进行人生规划，为学生进入高等教育提出合理可行的建议，以促进学生全面发展。因此，科学运用评价结果来指导学生充分认识自己，进而优化学习策略和规划发展路线就成为评价的最终环节。为了达到这一目的，需要对评价结果进行标准化展示。当前评价结果的展示没有统一的格式标准，这就造成评价结果缺乏权威性和可读性。评价结果需要囊括所有的评价指标，以及相对应的指标含义。评价结果需要详细描述学生各个方面的指标得分或指标等级，并综合各项指标的情况来反映学生的综合素质。①② 另外，评价结果需要保持客观性，采取任课教师和其他专家相结合的评定方式。教师是学生学习生活中最熟悉的评价主体，可以从多个方面、多个角度对学生的综

① 熊秋智．高中生综合素质评价体系研究及实践［J］．现代教育技术，2019（10）：103－104．

② 张建国，张桂钰．基于人工智能的高中生综合素质评价体系研究与应用［J］．中国教育技术装备，2021（1）：7－9．

合素质进行评价。但评价的结果必然需要结合教育学和心理学等多学科的理论支持，所以需要不同领域的专家对评价结果进行标准化解释，根据教师的评价内容总结出适合学生发展的前进方向。

综上，目前已经提出的高中生综合素质评价指标体系在科学性、操作性和解释性等方面依旧存在问题。因此，在进一步优化评价指标体系的过程中要更加注重高中生发展发育的特点，以及高中阶段教育教学的根本任务，以学生学业成绩为核心，促进学生的全面发展，为高中生进入高等教育打下坚实的基础、提供前进的方向。

第四节 高中生综合素质评价指标新体系

一、综合素质评价指标新体系的内容

（一）文化水平

高中生的第一要务依旧是增强文化素养，学习文化基础知识，因此，高中生综合素质评价指标体系的首要指标是文化水平。高中生的文化水平不应该仅仅包含课堂文化知识，还应该包括常识性知识和迁移性知识两类。根据评价指标的层级化要求，作为一级指标的“文化水平”需要进一步划分为三个二级指标，分别是“课程文化”“常识文化”“迁移文化”。①②

1. 课程文化

课程文化是文化水平指标的核心，为了确保课程文化的科学性和适用性，有必要进一步建立三级指标。三级指标的要求包括：① 指标需要根据不同年级的课程安排进行逐科汇总；② 各科成绩按照高考的要求赋予不同

① 郭海娜，杨丽娜．基于高中生综合素质评价体系构建的实践研究［J］．科技视界，2018（2）：147－148.

② 赵断龙，王广军．基于教育大数据的高中生综合素质评价体系的构建与应用［J］．现代教育管理，2019（11）：21－24.

的权重；③ 以过程评价为主，结果评价为辅，将学生考试的进退情况作为测量的指标之一。根据以上要求，为了满足学生的年龄发展、课程重要程度及评价的过程性，可将之进一步划分为“高一年级的全科评价”“高二年级的主辅课评价”“高三年级的高考评价”。

“高一年级的全科评价”是针对高一学生的全部课程安排进行的评价。在新课改的推动下，课程安排也随之发生改变，但是高一年级的学生依旧还需要接受所有课程的学习。这是由于高一作为初中到高中的衔接阶段，需要学生明确认识自己在文理课之间的优势，以此做出适合自己的选课决策。因此，“高一年级的全科评价”目的在于：① 培养学生的文理科思维能力；② 帮助学生确认自己对某一学科的优势；③ 稳固学生对优势学科的自信心，同时协助学生找到其他学科的学习方法。“高二年级的主辅课评价”是在“高一年级的全科评价”基础上进行的。在高二年级，学生已经完成了文理分科，开始进行针对性的学习。因此，“高二年级的主辅课评价”的目的在于：① 帮助学生更加深入地学习所选的专业课程，强化专业知识；② 通过对主辅课程的评价，帮助学生熟悉自己所选的专业，洞悉主次，有条理有组织地安排课程学习。在高三学年，学生所面临的最大挑战就是高考。因此，“高三年级的高考评价”的目的在于：① 帮助学生深刻理解高考命题特点，提升应试能力和水平；② 对学生在各科目中的表现进行评估和指导，使其全面掌握考点，有的放矢地进行备考；③ 提高学生的综合素质和实际操作能力，使其在高考中能够充分展示自己的优势和能力。

2. 常识文化

常识文化是文化水平的辅助指标，包括了两个三级指标：① 基本常识，根据专家评估和统计测量的方法筛选出符合高中生基本常识的问题，以问题形式对学生进行测评。② 学习常识，评估学生的学习能力，通过专家评估和统计测量的方法总结多种学习技巧和方法，以问题形式对学生进行测评。对于高中生而言，掌握基本常识是他们在升学考试和未来工作中的必要条件。在以往的教育培养中，往往缺失了基本常识的培养，导致诸多学生唯考试论、唯分数论，这造成学生对以上两种常识的认识比较缺乏。随着新课改的进行，当代教育需要更加注重学生的全面发展，必须加强学生除理论知识外的各种知识的了解和学习，这为学生今后步入社会做准备。此外，学习常识则是学生在今后大学和工作中能否成功的关键。学习常识的测评有助于学生深刻认识自身的优势和不足。根据这些评价，再通过专业老师的指导来强化优势，避免或者克服劣势。

3. 迁移文化

迁移文化指将知识进行迁移的能力及学会相关迁移知识，可进一步划分为迁移水平和迁移知识。对学到的知识进行迁移是现代社会中非常重要的一种能力，它可以帮助学生更好地应对不断变化的学习需求。通过评估，学生可以了解到自己对知识灵活掌握的深度和广度，有助于学生适时调整自己的学习状态和方法。迁移水平是迁移文化的核心，代表着学生对所学知识举一反三的能力。根据相关的教育心理学理论，迁移水平包括了横向迁移和纵向迁移两类。横向迁移决定了学生迁移水平的广度，而纵向迁移代表了学生迁移水平的深度。此外，迁移知识指适合学生的各种迁移的基本知识和技能，通常包括语言能力、分析能力、逻辑思维能力、问题解决能力、创造力、领导能力等，这在各个领域和学科内都扮演着重要的角色。

（二）自主发展

高中生综合素质评价体系的核心指标是自主发展，因为高中阶段是个体身心飞速发展的时期。“自主发展”包含了“实践能力”“创新能力”两个主要的二级指标。①②③

1. 实践能力

实践能力指将自己的综合技能付诸行动，实现相应目标的能力。由于上述“文化水平”指标中已经详细评估了高中生学习的实践能力，因此，

① 郭海娜，杨丽娜. 基于高中生综合素质评价体系构建的实践研究［J］. 科技视界，2018（2）：147－148.

② 袁婷. 基于高中生综合素质评价体系的实践研究［J］. 教育教学论坛，2018（8）：85－86.

③ 王红霞. 高中生综合素质评价体系的构建及实践［J］. 教育理论与实践，2019（1）：57－58.

“自主发展”指标中的实践能力特指高中生应具备的各项操作技能，包括生活技能、社交技能和心理技能。根据马斯洛需求层次理论的观点，生理需求和安全需求是个体生存和发展的基础，因此完备的生活技能同样也是评价高中生综合素质的重要指标。当今无论是学校、父母还是学生本人都过分注重学业成绩，忽略情商、动手操作能力的培养。因此，有必要将生活技能作为高中生综合素质评价中的重要一环，以此促进学生的全面发展。同样，社交需求是个体发展的重要因素，尽管学生的第一要务是学习科学文化知识，但不可避免地也需要和同学、教师，甚至陌生人打交道，因此，合理健全的社交技能同样需要纳入高中生综合素质评价中。这不仅能够满足对学生融入社会的要求，也规避了培养过程中“死读书”“唯读书论”的错误教育观念。社交技能可以让学生在学习和生活中获得更全面的经验和技能，这对他们的人生发展将会有重大的帮助。社交技能主要包括沟通能力、倾听能力、礼仪礼节、解决冲突的能力、情绪管理的能力、合作能力及网络社交的能力。在社交过程中，既是学习的过程，也是管理情绪的过程。高中生面对极大的学习压力，正常的社交可以排解压力，促进心理健康，这对学习也起到了反哺的作用。另外，由于学业和生活压力，高中生如何调节自身心理状态越来越成为当代高中生不可忽略的问题。因此，完备、科学的心理技能一方面有利于高中生调节情绪，发展身心健康，另一方面也是评价高中生自主健全发展的关键指标。正确的心理技能是一种帮助个体更好地理解自己、掌控自己的情绪和心理状态，以及更好地处理各种生活困境的能力，包括自我意识、压力管理、克服挫折、自我调节等。

2. 创新能力

创新能力是当代社会对高中生能力发展的重要要求。依据我国国情，在科技、艺术、经济等多个领域开拓创新，创造具有中国特色的产品和思想已经是当前社会发展的主旋律，因此，高中生的创新能力必然成为综合素质评估的重要一环。作为未来社会的建设者，高中生只有具备创新能力，才能在激烈的竞争中胜出。对创新能力的评估需要从多个方面入手：① 创造思维。创造思维是创新能力的核心，它涵盖了独立思考、自由联想、想象力等多个方面。② 实践能力。创新永远不是空想，必须付诸实践。上文提到的实践能力倾向于保证学生的生理和心理健康，而此处的实践是要求学生充分发挥自己的思维能力，将各种有意义的想法变为现实。③ 领导力。学生的领导力是推动其创新的重要动力，想法可以由某一个个体提出，但要将想法变为现实则需要团队协作，而一个人的领导力的强度则决定了团队协作的速度和效率。总之，创新能力是当代社会高中生应具备的基本素质之一。为了培养学生的创新能力，需要从学生自身的创造思维、实践能力和领导力等方面入手，让学生真正理解创新的重要性，积极运用创新技能和思维方式解决问题和设计创新项目，提高自己的核心竞争力，为个人和社会的发展做出贡献。

（三）社会参与

根据党对教育提出的根本任务和总体目标，教育工作者在评估高中生综合素养时还需要考虑学生的社会参与度。虽然高中生的首要目的是学习科学文化知识，但参与适量的社会服务也是评估高中生综合素养的重要指标。“社会参与”指标具体包括“社会责任担当”和“社会道德培养”两个二级指标。

1. 社会责任担当

社会责任担当指高中生对社会应尽的义务，包括主动义务和被动义务。主动义务评估高中生自愿自发完成社会服务的数量和质量，而被动义务测量高中生接受义务的能力和完成程度。在学生对社会的贡献方面，需要评估高中生参与的社会实践活动所带来的实际效益，包括贡献类型、数量和质量等方面。需要考虑高中生在社会实践活动中所发挥的作用，比如服务对象的数量、参与社会活动的积极性和运用所学知识解决实际问题的能力等。[①②③]

---

① 谢曼，黄纯雁. 高中生综合素质评价的多视角探索［J］. 考试研究，2013（3）：29－33.

② 杨然，齐贝贝. 基于多元评价的高中生综合素质评价体系研究［J］. 中国基础教育，2018（5）：47－50.

③ 王娟. 基于高中生综合素质评价体系的研究［J］. 教育理论与实践，2017（11）：52－53.

2. 社会道德培养

社会道德培养是对高中生道德观、人生观和价值观的培养。由于高中生的道德水平已经进入习俗水平甚至后习俗水平，因此，高中生的行为和心理也需要符合相应的道德标准和社会所允许的行为准则。高中生心理发展的重要特点之一是成人感的激增和自身不成熟的道德标准之间的矛盾。这种矛盾可能会增加高中生犯错甚至犯罪的风险。正确的世界观、人生观和价值观不仅能够降低这种犯错、犯罪风险，也能进一步规范高中生的行为和思想，培养健全的人格。并且，正确的世界观、人生观和价值观是高中生积极参与社会实践的教育基础和保障。高中生处于个性和社会适应的重要时期，需要经常接受关于道德观、人生观和价值观等方面的教育。因此，在高中生的综合素质评估中，社会道德培养也是至关重要的一个方面。在道德观方面，高中生需要树立文明、公正、平等等一系列的核心价值观，进一步强化其道德判断能力，避免受到不良信息的干扰，从而做好正确的道德选择。在人生观方面，高中生需要培养稳定的内心世界，不以外物的得失轻易改变自己的奋斗目标。正确的人生观可以引领高中生清楚认知自己的理想，将其付诸行动，努力实现它。在自我评估方面，需要对学生的自我认知、态度和行为进行评估，帮助学生建立起正确的人生观，妥善处理身心疾病、家庭背景、人际关系等方面的问题。在价值观方面，高中生需要学会正确认识人生价值，合理确定、正确实践价值观，等等。古人云："勿以恶小而为之，勿以善小而不为。"养成正确的价值观，从小事做起，从个人做起，为自己的未来发展和社会的和谐进步做出积极的贡献。在高中生综合素质的评估中，需要对学生的道德观、人生观和价值观等诸多方面进行综合评估。评估需要重视学生心态的变化、行为表现的改变等方面，关注学生在实际行动中对于社会主义核心价值观的理解和实际意义的领悟，并针对不同学生的差异，采取不同的评估方式和措施。

（四）思想品德素养

上文中已然表述了个体的社会道德培养，这属于社会参与的范畴，但除此之外，更高层次的思想品德素养也是高中生综合素质评价中不可缺少的重要内容。[①] 思想品德素养是评价高中生综合素质的重要指标之一，是表征学生国家情怀、文化自信和理想信念等方面素养的综合评价。高中生是祖国的未来和希望，应该具备对祖国未来的奉献精神、对民族文化的自信和对理想信念的坚定信仰。国家情怀指高中生爱国主义情怀，既包括对祖国和民族的热爱，也包括对国家安全和社会稳定的贡献。评估国家情怀需要关注学生的公民意识和法治观念，反映学生在国家政治事件、安全问题、公民权利等方面的表现。对于弘扬爱国主义、民族团结等方面的具体实践和贡献，应该适时地给予表扬和激励，进一步激发学生的爱国热情。文化自信指高中生对传统文化和现代文化的自信和尊重。文化自信是弘扬民族精神、发扬文化传统的核心内容，对于加强国家文化软实力和多元文化交流具有重要的意义。评估文化自信需要依据学生对文化的认识和表现，包括对文化传统的保护和传承、对新时期文化风尚的认识和态度、对文化多样性的尊重和包容等。理想信念指高中生对自己的人生理想和信仰追求，表达了个体敢于担当、不怕困难、为美好未来的目标而不断努力追寻的内在精神。评估理想信念涉及学生价值观和人生追求等方面，需要评估其对理想生活的追求、对自然和社会的认识、对自己人生之路的规划等。在评估过程中，需要关注学生的思想品德素养提升过程，充分调动他们的主动性和积极性，共同推动综合素质的全面发展，为全面建成社会主义现代化强国贡献力量。

综上所述，高中生综合素质评价指标新体系具体见表5-1。

① 张达勇，李诗星．高中生思想品德素质评价的指标体系设置［J］．师资建设，2018，31（4）：83－85．

表 5-1　高中生综合素质评价指标新体系

一级指标	二级指标	三级指标	主要内容
文化水平	课程文化	1. 高一年级的全科评价 2. 高二年级的主辅课评价 3. 高三年级的高考评价	1. 逐科汇总 2. 赋予不同的权重 3. 以过程评价为主，结果评价为辅
	常识文化	1. 基本常识 2. 学习常识	1. 常识性问题 2. 学习技巧和方法
	迁移文化	1. 迁移水平 2. 迁移知识	1. 举一反三的能力（横向迁移、纵向迁移） 2. 迁移知识和技能
自主发展	实践能力	1. 生活技能 2. 社交技能 3. 心理技能	1. 融入生活 2. 融入社会 3. 融入自己
	创新能力	1. 创造思维 2. 实践能力 3. 领导力	1. 创新能力的核心 2. 付诸行动 3. 创新的动力
社会参与	社会责任担当	1. 主动义务 2. 被动义务	1. 社会服务的质量 2. 社会服务的数量
	社会道德培养	1. 道德观 2. 人生观 3. 价值观	1. 道德判断力 2. 自我认知 3. 社会规范
思想品德素养	国家情怀		爱国主义情怀和民族主义精神
	文化自信		文化传统和文化软实力
	理想信念		人生理想和信仰追求

二、高中生综合素质评价指标新体系的优势

针对当前高中生综合素质评价的缺点和不足，通过进一步优化，提出三类基本指标：文化水平、自主发展和社会参与。另外，新指标体系强调层级化，在三类基本指标的基础上进一步提出了对应的二级指标和三级指标。这种划分方式采用了拓扑结构，充分体现层级分明，并且这种组织结构也体现了新指标体系的全面性和个体性。教育的主体在于全体学生，因

此，对于学生综合素质的评估应该要适用于全体学生。此外，个体发展具有特异性，因此，注重不同学生之间的差异也是评估的重点。而新指标体系既包含了诸如常识文化、道德观、人生观、价值观等符合全体学生的评估指标，也有按照高中不同年级及不同发展阶段的学业评估和社会责任评估，因此，新指标体系更具科学性。

高中生综合素质评价指标新体系的层级化特点进一步降低了其解释难度。由于一级指标分数是根据二级指标的分数进行汇总得到的，而二级指标又是通过三级指标测量加权得出的，因此，实际上教育工作者需要对学生或学生家长进行解释的是最终的一级指标，其中的二级指标和三级指标都是评估的过程而非结果，这大大减少了结果解释的主观性和随意性。虽然这样的标准化操作可能会面临结果片面的风险，但由于新指标体系中的三个一级指标均来源于《中国学生发展核心素养》的总体框架，因此，指标的科学性和适用性毋庸置疑，并且随着研究的不断深入，该指标体系的内容依然会进一步完善和优化。

此外，有人认为高中生综合素质评价指标新体系面临的另一个问题是关于操作所能达到的深度和广度。由于评价指标新体系按照高中生年级和年级发展的特点逐级筛选适当的评估方法，这可能会造成评估缺少信度和效度。虽然这种担忧具有一定的道理，但是指标建立的过程必然是标准化的，所以这种担忧也可以被排除。教育工作者在进行评估时只需要按照三级指标的各项问题进行提问即可，而二级指标和一级指标都是按照统计方法拟合得到的，这就排除了测量过程中的随意性和主观性，保证了最终的一级指标的客观性和科学性。这也确保了结果是具有信度和效度的。

综上，高中生综合素质评价指标新体系通过层级划分的方法，采用了拓扑结果模型构建了三级指标。各项指标在构建过程中，标准化的测量和统计方法可以确保最终的一级指标具有信度、效度，并且简化了结果解释的内容，提高了结果对于高中生的适用性和有效性。虽然评价指标新体系还存在一些不完善的地方，但因为是在现有的指标体系上进行优化，因此必然能进一步满足对高中生综合素质评价的需求。在不断深入研究之后，评价指标新体系必然会得到改进，推陈出新，最终成为适应时代发展的高中生综合素质评价指标体系。

第六章

高中生综合素质评价实施路径及监控方式

在基础教育课程改革不断深化的背景下，综合素质评价成为教育评价制度改革的重要组成部分。在推进综合素质评价改革的过程中，教育部等行政部门发布了一系列的政策文件，进行了顶层设计，各省市教育行政部门对政策文件进行了解读和具体化，并推出了相应的配套方案和制度，用于学校部署和实施综合素质评价改革工作。学校也进一步制订了实施方案，明确了任务，并组织实施。各校通过积极探索，积累了宝贵经验，不仅改变了教育观念，还通过综合素质评价改变了学校师生的面貌。高中生综合素质评价有效的落实和合理的监控，能够为构建科学的高中生综合素质评价指标体系和进行高中生综合素质评价奠定基础。因此，有必要对综合素质评价的实施路径和监控方式进行深入分析，找出目前存在的问题及其原因，并提出相应的解决策略。

第一节 当前综合素质评价实施路径的现状

一、综合素质评价理论基础薄弱

我国在综合素质评价理论方面的发展相对滞后。回顾我国综合素质评价理论的发展历程，古代科举制度可以看作是教育评价思想的起源，开创了教育测量的先河（图 6-1）。1905 年后，西方的测量运动迅速传入我国，形成了我国 20 世纪 20 年代到 30 年代的教育测量运动。抗日战争爆发后，我国的教育评价研究被迫中断。由于种种原因，直到 20 世纪 80 年代，我国才恢复并真正开始实施教育评价。自 20 世纪 90 年代以来，随着人们思想的进一步解放，我国引进了西方各种教育评价思想，并结合我国教育改革的现实需要，对综合素质评价理论进行了进一步的研究。

图 6-1　综合素质评价理论的发展历程

尽管在综合素质评价方面进行了积极的理论与实践探索，取得了很多成绩，但由于我国起步较晚，综合素质评价理论研究总体上仍较薄弱，无法满足时代对该领域的需求。作为一个新兴的概念，综合素质评价最初作为一个政策用语出现，在各种文件中的表述存在诸多不清晰之处。随着实践的发展，人们对综合素质评价的认识也在不断改进与发展中。然而，尽管学者们进行了多方面的理论探讨，理论研究仍相对滞后，大多数研究侧重于经验介绍和案例呈现，真正的理论建构较为匮乏，仍存在许多未解决的理论难题，无法为综合素质评价实践提供充分的理论支撑和指导。例如，至今尚缺乏一个统一且令人满意的综合素质评价概念界定，其内涵与外延也不够清晰。综合素质评价的本质、功能，在评价体系中的定位、理论基础、内容体系、方法论、评价模式等方面仍存在较大的模糊性。理论研究的薄弱与滞后，导致实践中出现混乱的现象。加之相关指导与培训的滞后，部分高中学校领导和教师对综合素质评价的认识不充分，并将其实施目的定位于服务高校招生。很多人没有意识到用于高校招生的综合素质评价与用于学校教育的综合素质评价是两种不同性质的评价方式，并将两种评价的目的、功能、本质和定位混为一谈。针对综合素质评价，目前缺乏一套统一的评价标准和指标体系，各地和各学校在评价内容和方式上存在较大的差异。这导致了评价结果的不可比性，同时也限制了全国范围内的大数据管理和分析。

也有学校管理者将综合素质评价视为对学生进行分类的工具，并将其定位于等级性评价和结果性评价。没有理顺这两种评价之间的关系，导致高中和高校出现相互推诿的现象，高校认为中学未能有效实施综合素质评价，无法提供适用于招生的综合素质评价材料；而高中则认为综合素质评价在高校招生中并没有真正发挥作用，因而无法有效实施。目前，很多高中持观望态度，导致综合素质评价的实施进展缓慢。除了评价学术成绩的方法和工具相对较完善外，评价其他综合素质的方法和工具相对有限。传统的纸笔测试难以全面评价学生的创新能力、领导力、团队合作等综合素质，而现有的在线评价工具和方法尚未普及和成熟。

二、教师的教育观念相对落后

在综合素质评价实施过程中，由于人们对分数公平论的狭隘理解，学校将综合素质评价结果局限于评定分数和等级，以及甄别和选拔服务的功能。在中国人的生活中，考试无处不在，除了升学考试外，找工作和升职也需要参加考试。社会上存在一种普遍的认识即只有分数才是最公平的评价方式，因为它最大程度地排除了人情因素的干扰，使得每个人在分数面前都平等。在中国人的传统观念中，按分数录取是招生中最公平的做法，[①]高校根据分数排名招生被视为理所当然、公平公正的方式。我国的教育制度一直以来都注重高考成绩的评价，而对其他方面的综合素质评价相对较弱。近年来，虽然有一些改革措施和政策出台，但整体实施效果仍不太理想。

将综合素质评价纳入高考是新一轮高考招生制度改革的亮点和难点。此举旨在打破传统的考试“唯分数论”，提升招生的合理性和科学性。然而，在这一进程中仍存在诸多问题。有研究者指出，将高中生综合素质评价纳入高考体系是我国素质教育发展的历史必然，必然经历理论和实践上的冲突，这是发展中的正常现象。面对高考改革，应积极反思和调整高中生综合素质评价机制，使之不断走向理性。还有一些学者认为，将综合素质评价纳入高考招生可能面临操作性差、可信度低和区分度不足等困境；但如果不将之纳入高考招生，则高考制度改革可能难以突破，综合素质评价可能会被虚化。为了解决两难困境，需要坚定将综合素质评价纳入高考，加强综合素质评价的专业研究，转变评价思路，加强综合素质评价的顶层

---

① 陈朝晖. 普通高中学生综合素质评价实施研究［D］. 开封：河南大学，2016.

设计。同时，研究者们认为，在推进综合素质评价融入高考招生时，确实面临着综合素质评价自身不完善、传统文化的心理模式和校园文化软环境的缺失等困难。

为了克服这些困难，需要加强对综合素质评价的研究，超越传统教育心理模式，并加强校园文化建设等。① 通过加强对综合素质评价的研究，从而不断完善其理论与方法，提升对多元素质的评价能力。同时，我们需要超越传统的教育心理模式，摒弃仅仅以分数为唯一依据的观念，充分认识到综合素质在人才选拔中的重要性。此外，加强校园文化建设也是非常关键的，通过创造积极健康的学习环境和价值观，培养学生的综合素质和创新能力。综合素质评价的融入需要我们超越目前的困境，不断探索创新，并积极适应社会发展变化的需求。

从内部环境来看，中国人根深蒂固的考试文化和应试思维对高中生综合素质评价产生了一定的负面影响。最明显的表现是只要通过考试选拔的就被认为是重要的，其他的实践活动往往不受重视。我国的考试文化核心观念是公平、公正、竞争和择优。这种考试观念文化对综合素质评价的思路和方法产生了深远的影响。过去的教育评价是以选拔性考试思维为基础进行的，这导致目前我国中小学综合素质评价的运用容易陷入典型的选拔性考试传统思维中。人们普遍反映评价指标过于笼统、不具体、可操作性不强等，这正是这种思维方式的表现。

只有这种考试文化和应试思维的执念得到纠正，才能推动综合素质评价的有效实施。我们需要转变观念，将综合素质评价视为一个全面的评价体系，把重点放在培养学生的综合素质和个性发展上，而非仅仅以成绩来评判学生的能力。同时，我们需要制定具体、可操作的评价指标，通过评价维度的明确和细化，确保评价的准确性和公正性。② 此外，培养学校和教师的评价意识和能力也是至关重要的。提供相应的培训和支持，帮助他们理解综合素质评价的理念，学会运用综合素质评价的方法，从而将其落实

① 徐彬．2014 年以来我国综合素质评价的研究现状与前景展望［J］．教育测量与评价，2019（2）：33－39．

② 赵利萍，周先进．综合素质评价纳入高考招生的困境及其超越［J］．教育理论与实践，2015，35（2）：20－22．

到实际教育过程中。最重要的是，我们需要形成积极向上的教育环境和文化，强调学生全面发展的重要性，鼓励他们参与实践活动，并重视综合素质的培养。综合素质评价的推行需要跳出传统的考试文化和应试思维的束缚，以促进学生的全面发展和培养他们的综合能力。

我国自 1977 年恢复高考至今，40 多年的实践成就了高考的稳固地位，高考是基础教育的指挥棒。虽然每年都会提及高考改革，但迄今为止应试教育一直是高中教育挥之不去的“梦魇”。校长、教师、家长、社会人士对其多有诟病，但又身在其中。他们会按照应试教育的要求去做，甚至形成固化的应试思维。[①] 考试选拔、培养出来的高中教师，对书面考试的运用得心应手，教师按照上级教育行政部门或学校的要求，定期用统一印发的试卷对学生进行测验，以了解学生掌握知识的情况，用“精确”的数字作为唯一或主要依据评价学生。综合素质评价需要教师具备深厚的专业素养和评价能力，但目前对教师在这方面的培训和支持力度不足。教师对评价理论和方法的了解和应用能力有待提高，影响了评价工作的质量和有效性。综合素质评价要求教师不仅仅要用成绩评价学生，还需要教师关注学生的点滴成长，指导学生做好成长记录，并利用成长记录促进学生发展，同时还要为学生写出个性化评语，这无疑需要教师花费时间熟悉综合素质评价的操作流程，花费很多精力用于了解学生的方方面面，而教师平时的教学任务已十分繁重，实施起来困难重重。

第二节 对当前综合素质评价实施路径的改进建议

一、多方参与综合素质评价

在中国的教育体制中，大学在人才选拔中常常处于被动的地位。大学往往不主动寻找符合自己要求的考生，而是等待各省市的招生办将候选生

---

① 王萍. 普通高中学生综合素质评价的阻抗与消解 [J]. 课程·教材·教法，2017，37(7)：93-99.

分配给他们。这种情况与中国整个教育制度的设计有关。与之不同的是，在美国，大学将新生选拔视为自己选才的过程，因此在选拔人才的过程中会积极参与。美国的大学在招生中，教育行政机构通常不扮演实质性的角色，除非大学在招生过程中违反了公平和诚信的原则，教育行政机构才会介入。① 尽管美国的综合素质评价也是多方参与的过程，比如教师和辅导员需要写推荐信，学生需要提供自荐信和平时成绩，但最终决定权在大学手中。其他参与方，包括学生本人，实际上只是提交评价材料和证据的角色。最终，学生是否具备某种素质及具备何种水平的素质都由大学来评判。在中国，综合素质评价中最重要的主体是高中。因此，高中在综合素质评价中既充当运动员，又充当裁判员，这最终导致综合素质评价的可信度不高，评价结果难以在高校招生中得到应用。因此，要想让综合素质评价真实可靠，必须让大学真正参与到高中生的综合素质评价中。各大学需要制订各自的综合素质评价方案，并采取相应的措施。目前的情况是，各省市已经出台了高中生综合素质评价文件，但是还没有一所大学正式出台类似的文件。② 为了改变这种情况，大学需要更加积极主动地参与综合素质评价，制定自己的标准和方案。大学可以与高中合作，共同制定评价指标和评估方法，确保评价的客观性和准确性。

除了上述提到的内容外，为提高综合素质评价工作的整体满意程度，还需要增加学生在评价过程中的参与度。这要求从传统的教师主导制转变为学生主导制，使学生自评和学生互评在评价活动中占据主导地位，以充分激发学生的参与热情。

学生的综合素质评价需要学生、学校、家长、教育行政部门及社会第三方评价机构的共同参与，形成一个“五方参与”的综合素质评价体系（图6-2）。学校在学生综合素质评价中扮演主要角色，不应将“成绩”这一认知因素作为唯一指标，还应评价学生的其他能力、心理健康状况、世界观等非认知因素的发展水平。教师在综合素质评价中应根据学生的经历

① 罗祖兵．美国高中生综合素质评价及其启示［J］．河北师范大学学报（教育科学版），2019，21（3）：98－103.

② 侯小妮．初中学生综合素质评价区域推进的个案研究：以山东省W市为例［D］．郑州：河南大学，2020.

和个性特征，提供充分的评价机会，而不是套用固定模板来定义学生并给学生贴上标签。家长需要逐渐改变以分数论成绩的观念，应积极关注学生的身心健康，努力营造良好的家庭环境，鼓励学生全面发展。教育行政部门高校应当采用更加规范、合理、系统的方式来对学生的综合素质评价过程进行监督，结合高考成绩和评价材料，客观公正地评价学生，确保录取过程的公正。[①] 在这个过程中，教育行政部门可以与社会第三方评价机构和学校合作建立综合素质评价平台，真实地记录高中生学习和成长的过程。

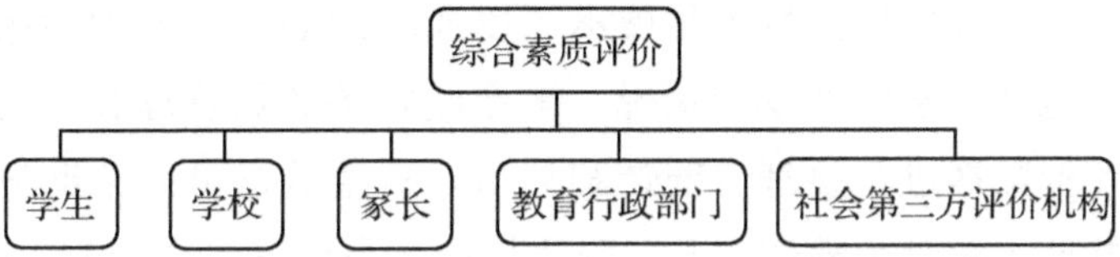

图 6-2 “五方参与”的综合素质评价体系

二、通过网络平台对大数据进行管理

随着学生数量的增加和综合素质评价体系的不断完善，学校和教育行政部门需要处理不同特征、不同类型的学生综合素质数据，以往的综合素质数据管理系统已经不能满足时代的发展现状。这就需要建立全新的网络平台对学生的各项综合素质评价指标进行管理。通过管理，教育部门可以提高评价的效率和准确性，并为教育决策提供更全面的参考依据。专门用于学生综合素质评价的网络平台可以是一个学校内部的系统，也可以是一个更广泛的教育管理平台，平台应该能够收集学生相关的数据，包括学术成绩、课外活动参与情况、社会实践经历、奖项荣誉等。这些数据可以通过学生自主填写、教师录入、学校系统同步更新等方式收集。收集到的数据需要经过整理和分类，以方便后续的评价和分析。决策者根据教育标准和学校需求，制定学生综合素质评价的指标和标准，指标可以包括学术能力、创新能力、沟通能力、领导能力、团队合作能力等各个方面。标准可

① 张桂亮．谈高中生综合素质评价实施中的困境及转变［J］．才智，2020（11）：8.

以是定量的，如基于分数或百分比；也可以是定性的，如优秀、良好、一般等等级。随后，建立算法模型，根据指标对学生进行评分、排名或生成个性化评价报告。模型可以根据大数据的学习和迭代，逐渐优化评价过程，使其准确和公正。平台应该允许学生自主填写一些评价内容，如自述、目标设定、发展规划等。学生可以提供自己的反馈意见和附加材料，如项目作品、证书、参赛成绩等，以支持他们的评价。

平台应该能够自动生成学生综合素质评价报告，并以可视化的方式展示给教师、家长和学生。报告可以包含学生的评价结果、得分明细、个人强项与发展方向等信息。可视化展示可以通过图表、图形和图像等形式呈现，更直观地展示学生的发展情况。平台应具备数据管理和分析功能，以便对学生评价数据进行整理、统计和分析。这些数据可以帮助学校和教育决策者更好地了解学生整体情况和群体趋势，为教育发展和改进提供参考。除此之外，教师应该在网络平台上审查学生填写的评价内容，核实数据的准确性，并进行必要的调整和修改。教师还可以根据自身的观察和评价，在学生的评价报告中补充内容和建议。

通过网络平台对学生综合素质评价的大数据进行管理，有助于提高评价的公正性和客观性，为学生提供更全面的发展支持，同时也为学校的教育决策提供科学依据，还可以自动化地对学生数据进行评价和分析，减少了人工处理的时间和工作量，提高了评价的效率。基于人工智能技术，网络平台可以对学生数据进行客观的评价和分析，减少主观偏见和误差，提高评价的准确性。通过大数据管理，网络平台可以收集和整理丰富的学生数据，包括学术成绩、课外活动、社会实践等方面的信息，从多个角度全面把握学生的综合素质发展情况。基于这一平台，学生可以自主填写评价内容，并提供自己的反馈意见和附加材料。平台可以根据学生的个性特点和需求，生成个性化的评价报告和发展建议，提供有针对性的帮助。网络平台提供了数据管理和分析功能，教育决策者可以对学生综合素质评价的大数据进行整理和分析，了解学生的整体情况、群体趋势和潜在发展方向，为教育改革和改进提供科学的依据。网络平台还可以将生成的学生综合素质评价报告反馈给家长，让家长更直观地了解孩子的发展状况，并与学校共同关注和支持孩子的全面成长。学生综合素质评价的数据可以保存在网络平台中，便于长期保存和备份，并方便多方如教师、家长和学生本人等共享，促进信息的交流（图6-3）。

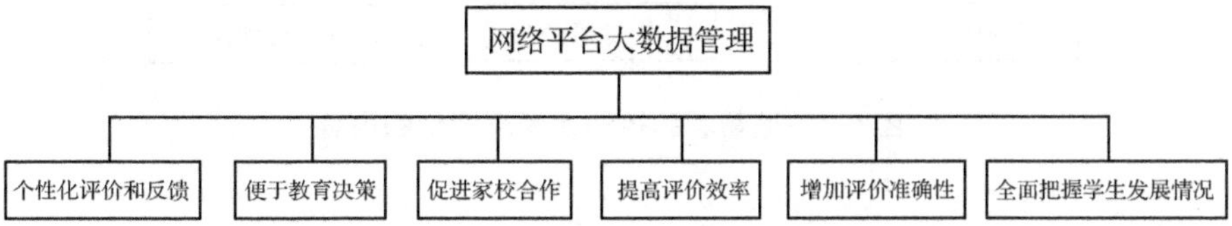

图 6-3　网络平台大数据管理的优势

总的来说，通过网络平台进行学生综合素质评价的大数据管理，有助于提高评价的公正性和客观性，为学生提供更全面的发展支持，同时也为学校的教育决策提供科学依据。

第三节　当前综合素质评价监控方式的问题与不足

高中生综合素质评价监督调控，指政府从高中生综合素质评价的总体实施工作入手，利用监督、评价、反馈的方法，通过监督、调控综合素质评价的组织管理、指导培训、运行操作，从而形成完善的有效监督控制体系，以缩小综合素质评价实际状态与理想状态间的差距，确保综合素质评价制度沿着预定的目标顺利实施。[①] 在制定高中生综合素质评价改革相关政策过程中，政策制定者们不太可能对政策将来所带来的所有结果都有准确的预测，但他们可以针对政策运行操作过程中可能发生的问题建立一套预警或者调控机制予以保障。因此，在高中生综合素质评价实施过程中，需要一套较为科学、完善的监督调控系统（图6－4）来对高中生综合素质评价的组织管理、指导培训、运行操作进行不断的监督、调控，及时发现政策执行过程中的问题与不足并进行修正和完善，从而推动高中生综合素质评价改革顺利实施。

① 王小明. 普通高中学生综合素质评价机制研究［D］. 上海：上海师范大学，2016.

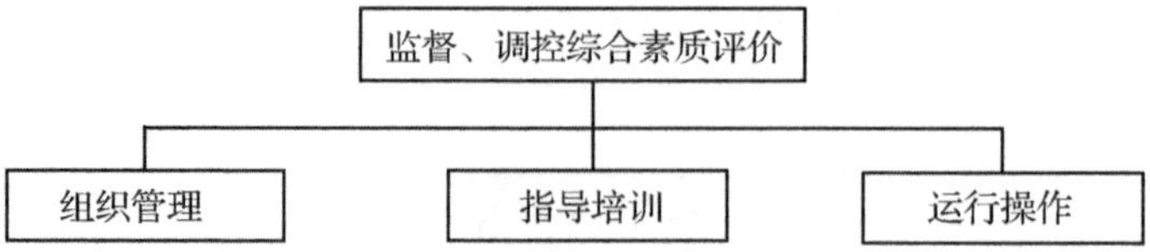

图 6-4　监督、调控综合素质评价的内容

一、监督主体不明确

综合素质评价倾向于主体之间的多维沟通，而不是像传统考试制度那样，将教师、家长与学生作为“诸多外部评价的依附者”。[①] 学生、家长和教师不仅是综合素质评价的监督主体，还是综合素质评价的报告者和评价者，这就会造成在综合素质评价活动中的监督主体不确定的情况出现，综合素质评价活动中还可能伴随着评价误导或不准确的一系列现象。为推动新一轮高考改革的顺利实施，需要保障综合素质评价的科学性。但是在实际操作方面，还不能解决综合素质评价究竟由谁来监督的难题，又因为监督的目标不明晰，使得整个监督体系陷入群龙无首、各自为政的状态，所以很难及时发现在综合素质评价进程中出现的新问题，故也就不能有效地解决问题。

目前，各高中综合素质评价监督工作主要有如下几种形式：有的学校成立了专门的综合素质评价督查小组；有的几所高中组织建立综合素质评价督查委员会，监督综合素质评价的展开过程；有些地方政府成立教育督导室，开展针对综合素质评价内容与方式的单项督导及对整个学校教育教学工作的联合督导；还有些地区开展了由上述这些机构联合监督的机制，避免单项监督容易出现的形式化的现象。在学理上，综合素质评价工作应从各个层次、各种视角来评价高中生的全面发展情况。但就目前各地实际进行的综合素质评价监督情况而言，监督主体的关系还存在模糊不清的现象。具体表现如下：一则监督主体是独立关系还是配合关系。指现有的监

① 李雁冰．论综合素质评价的本质［J］．教育发展研究，2011（24）：58－64.

督主体是彼此单独地进行监督活动，各个监督主体按照自己的侧重点和出发点开展监督，提出监督建议并反映给校方，还是各个监督主体负责不同的方面，不同监督主体相互配合，最后将共同的监督建议反馈给校方呢？上述问题到目前为止，还无法得出明确的回答。二则监督主体是平等关系还是隶属关系。指各个监督主体是地位平等的个体，还是存在着上下级的区别？如果是平等关系，则应以谁的监督结果为权威答案？如果是隶属关系，则上下级别的排序又应当是如何的呢？诸如此类的问题都亟须进一步发现和厘清，并予以合理处理、有效解决。①

二、监督内容偏模糊

教育主管部门、学生家长及其他社会群体受以往应试教育的影响，更加重视学生的“学术能力”和学校的升学率，认为综合素质评价主要针对学生的“非学术能力”，在以分数成绩取胜的高考竞赛中应处于次要位置。因此，综合素质评价的监督内容出现了模糊化、形式化倾向。在部分高考改革试验城市，学校主要采取了如下措施：一方面，建立了学生综合素质评价初评表、标准明细表、自评表、汇报表、互评表及综合素质评价家长评价表与综合素质班级评定小组初评表等；另一方面，建立了学生综合素质考核制度。但调查表明，部分地方高等教育主管单位及部门仅仅“象征性”地对学校开展例行考查，并没有深入综合素质具体内容的填写及具体标准的设定与执行中去。因此，内容填写最终是对是错、标准制定科学与否等问题都有被“束之高阁”的危险。“模糊化”的监督内容不仅影响了对学生综合素质培养评价的客观性，也使综合素质评价中实际与高考相关的部分变成了“水中月”。

三、监督主体的运作机制不清晰

监督主体的运作机制，指在监督过程中影响各个监督主体各因素的结构、功能及其相互关系，以及这些因素产生影响、发挥功能的作用过程、

---

① 王润，张增田．高中生综合素质评价监督主体的构建［J］．教育理论与实践，2017，37（17）：23－25．

作用原理及其运行方式。就目前的综合素质评价对监督主体的运作机制而言，仍存在不清楚的问题。主要表现为如下几个方面（图6-5）。第一，监督程序和监督重点不明。首先，监督主体在综合评价项目实施之前需要先做好一些准备工作。例如，掌握被监督对象的相关信息，并确定综合素质评价项目实施的具体过程，以及评价内容和条件；在以往的督导流程中出现了什么情况，怎样更加有针对性地加强监督工作等。对以上这些均存在模糊现象，特别是学校层面的督导表现尤为突出。其次，监察主体进行督导操作的主要步骤不清楚。例如，几名监察工作人员进行现场的监督，如何要求做出监督笔录及监督意见书内容，什么材料需要提供原件，怎样确定被查材料的真实性等方面，在目前的文献和大部分综合素养考核项目实施中都处于"盲区"。最后，监督工作主要应当注重考核综合素质评价哪些方面，是监督评价内容还是监督评价过程，是监督管理人员事实性资料的收集还是监督评价的撰写，是监督评价程序还是监督评价主体，上述问题在目前监督主体的监督工作体系中并没有明确。第二，监督主体的监督协调混乱，主要表现为监督主体的职能划分并不清晰。例如，对高等教育主管部门监督是参与国家总体规划建设还是和学校的监督责任一样，第三方监督机制与学校监督和地方政府部门监督之间需要如何协同配套，等等。第三，监督惩罚机制执行软弱与无力。在监督过程中可以发现，对"知法犯法"者应该如何处置，大部分地区的做法是"放任自流"，这正是造成当前中学生全面素养测评与高考联动效果不理想的原因所在。第四，监督反馈机制不合理。当下，监督主体在高中生综合素质评价监督反馈实践中"低效化"现象比较突出。监督机制虽然明确了一些需要改进的方向，但是这些方向很多并未有实质性的推进和整改。

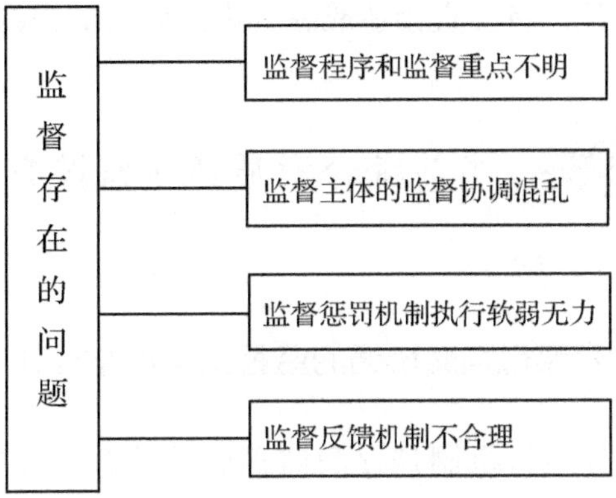

图 6-5　监督存在的问题

四、监督环境：诚信文化建设失位

若诚信教育弱化，将会导致综合素质评价的监督工作难以有效展开。综合素质评价制度作为一种高考制度发展过程中的新兴事物，其在发展过程中势必将面临种种“不和谐事物”。它本身具有主观性的特点，而其主要表征方式——表现性评价，更是存在开放性、生成性的特点。如果诚信建设缺失，科学、高效的监督机制难以发挥作用，综合素质评价结果就很难摆脱客观性、公正性弱化的窠臼，综合素质评价在推进考试制度科学化进程中及素质教育深化发展进程的预期突破性作用只能成为“虚无”。

五、怎样监督：信息公开机制缺位

综合素质评价公信力的提升直接决定着综合素质评价工作如何落到实处，而综合素质评价自身又具备程序性、主观性、生成性等特殊性质，所以，家长、教师、学生及教育管理单位都唯有通过公开的评价方式，才能真正取信于民。但是，目前在全国实施综合素质评价工作的各省、市、区，大都只建立了综合素质评价报告单和考核书，有的学校还设立了学生的成长记录表，而综合素质评价公共网上信息渠道较少，有的地方虽然设置了公共网络信息平台，但信息不够丰富、完整。综合素质评价关乎学生的毕业、升学及就业，也关乎教育事业的发展及祖国的振兴，不可敷衍了事。若信息公开机制缺位，将会直接造成综合素质评价的失控。

第四节 当前综合素质评价监控方式的提升

一、建构合理有序且沟通协调的监督主体运作机制

健全的监督主体运行机制是提高监督成效的有力保证，其运行机制的建立和发展是一项带有战略性特征的任务，是一项复杂而系统的精细化工作。为了增强高中生综合素质评价的监督作用，必须由教育部门建构谋划一种合理、有序而且能够互相配合的监督主体运行机制。

第一，确定不同监督主体的监督程序和监督内容，加强不同监督主体的配合。这个任务的确立是开展监督工作的关键性问题。首先，对学校监督而言，在进行监督操作时，监督主体必须了解综合素质评价的具体内容和程序，达到对监督对象“心中有数”，如此方可在监督流程上把握住监督要点。而且，由于学生作为综合素质评价的主要参与者，有着自身的思想与观点，并长期在校园中生活与学习，因此他们既有权利也有义务表明自身对综合素质评价的看法。教师也是综合素质评价的主要参与者，同时他们更是沟通学院领导与学生之间的重要纽带与桥梁，教师在授课过程中对学生的主观感受和看法都会在不同程度上直接影响教师对学生的综合素质评价，而由于教师的主要劳动对象都是模仿力很强、发展性超大的尚在成长中的青少年，因此教师对综合素质评价的认识和看法，也直接关系着学生对综合素质评价的理解与行为。家庭是学生综合素质评价的最主要参与方，如果家庭在评价过程中不能与学校保持一致性，则不管学校如何关注学生的综合素质，学生也会或多或少地被家庭的看法和处理态度所干扰，这就极容易导致学生本人和家庭在学生综合素质评价活动中“走过场”。这也就是有些学者所担心的：当综合素质评价没有实质性地影响到高考升学的时候，综合素质评价就很难受到家长甚至学生的真正重视。所以，根据上述情况，学校在教育监督工作进程中，必须明确对各个监督主体的“评

价要点”，全方位检查这三大主体在综合性素质评价工作流程中的表现，并且要检查他们的评价内容与衡量方法，明确综合素质评价所存在的问题。其次，社会第三方机构的监督要“无立场”地给学校监督主体提供专业化的看法和提议，需要排查出学校监督的“死角”，严防学校监督层次的“放水”现象，对学校所给出的教育监督结论提供客观科学的分析与建议。最后，在教育行政部门监督层面要大力放权，强化监督主体工作制度的顶层建设，定期进行有关监督主体的专门培训，最大限度为学校和教育专业机构提供监督服务，同样，也要对学校和教育专业机构监督制度中出现的问题予以纠正和处理。

第二，教育行政部门要强化监督惩罚力度，以规范所有监督主体的言行。惩罚并不是最终目的，但我们可利用这些方式，提醒所有监督主体，在监督工作过程中“走过场”“不作为”“互相包庇”等行为是不被接受和宽容的。同样的，针对一些情节严重者，要诉诸相关法律，实现“以儆效尤”的目的。

第三，教育行政部门还需要完善监督反馈机制建设。监督反馈是使高中生整体评价趋向理性化的本质路径，更是促进学生充分而有个性发展的基础保障。针对当前“形式化”的反映，监督主体还需要进一步进行实质意义上的创新和改进。首先，对监督主体要进行真实、详尽的监督结果说明。其次，监督主体为监督成果提供信息或材料支持。最后，以各种奖惩制度、诚信机制、监督规定为基础，监督主体要提供建设性的综合素养评价与建议。

二、建立层次分明的监督调控机构

国外在学生综合素质评价过程中，设立了专门的监督调控机构以监督、调控学生综合素质评价的全面、顺利实施。例如，美国的高等教育录取体系中设置了两个专门的监督管理组织，一是招生委员会，专门审查申请者提交的申请书资料，并评价其综合素质；二是美国地方性认证机构，主要职责是对学校提供的学籍学历管理等方面的信息进行整合和分析。另外，美国大众媒体的评价也在高等学校录取流程中扮演了关键的监督和控制角色（图 6-6）。尽管我国部分省份也已经建立了专业的监督调控机构，但是当具体落实到高中生综合素质评价改革实践的时候，也遇到了许多困难：首先，在国家层面还没有形成较为健全、职责明确的专门或独立的监督调控机构，来保证国家对高中生综合素质评价管理制度的顺畅推进；其次，各地层级的监督控制部门机构交叉、职责交叉，使得各地层级高中生综合素质评价监督控制的管理机制不足或者缺位，执法职责不明，使得监督控制部门原本应当具有的监督、控制职责无法有效发挥作用，从而无形中限制了高中生综合素质评价的正常开展；最后，在学校方面，多数学校在各个省级调整实施方案及有关指导工作意见的引导与培训下，设立了学校层面的领导小组，其领导小组负责本校学生综合素质评价变革的具体指导、组织和考核，但没有设置专门的督导调控机构。尽管个别学校已经设置了专门的督导调控机构，不乏其对本校学生综合素质评价变革的具体实施仍敷衍了事。由此，当下我们亟须建立专门和完善的国家、地方、学校三级高中生综合素质评价监督调控机构，以在不同层面监督和调控高中生综合素质评价的组织与管理、指导与培训、运行与操作。

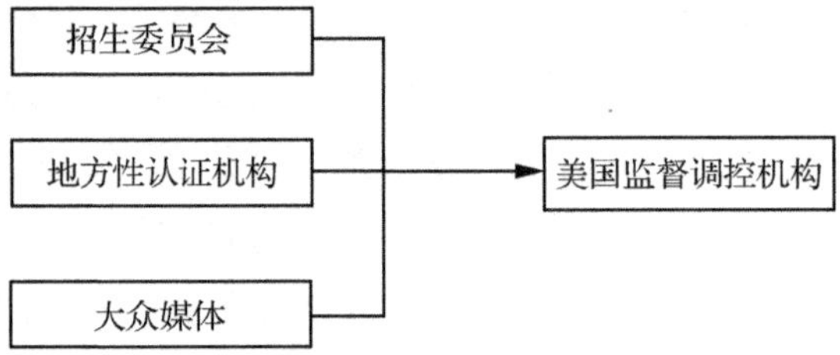

图 6-6　美国监督调控机构

三、明确各层监督调控机构的职责

要加强综合素质评价工作在推动高考制度改革和素质教育建设中的重要地位，进一步完善综合素质评价监督功能，亟须明确监督目标。若想形成层次分明的监督调控机制：第一步，国家层面的监督调控机构应回归直接组织管理的职权本位，并充分发挥其在综合素质评价监督进程中的责任统筹功能。一是建立健全综合素质考评职责体系，主动发现并打击在综合素质评价活动中的违法行为，严惩有关人员和当事人，并及时公正地披露有关查处结果。二是政府部门要最大程度地完善并利用申诉机制、听证会制度、信息公示机制等体系，以辅助综合素质评价机制的高效执行。三是政府部门首先要完善各级学校各类考试招生组织，进一步完善教育专门队伍的建设，并设立督察巡视组，监督高等院校在招生录取过程中是否科学规范运用考生综合素质评价系统。第二步，教育管理部门也要和学校一道，把有关监督措施落到实处。教育部门要定期检查各学校的综合素质评价活动开展状况，认真倾听教师和家长的意见，并针对学校实际状况适时修订综合素质评价方案，引导学生构建校本综合素质评价制度，进一步完善综合素质评价制度。第三步，教师、学生与家长之间要成立共同的监督队伍，在综合素质评价活动中监督自评、互评、他评情况。另外，也可以请第三方评价和咨询机构按照科学的规则制定评价高中生综合素质的标准和方法，从而协助地方政府开展高中生综合素质评价监督调控工作。①

四、革新监督方式，建立信息公开机制

一方面，从政策层面，我们可根据国家《政府信息公开条例》（国务院令〔2007〕492 号）的要求，把综合素质评价内容信息分成学校应当主动公布的信息和教师应当依申请发布的信息。政府机关和教育主管部门应制定好综合素质评价信息发布策略。学校主动公布信息，有助于量化发展成果的信息内容，包括学生学习能力、兴趣爱好、特长、社会现实问题等。另外，学校、教师和学生也应主动公布自评的程序和具体内容，让学校综合素质评价的发展进程和成果“一目了然”。依申请公开发布的信息内容包含学校在实施综合素质评价过程中所面临的难点和问题，及其需采取的具体策略举措等，以利于上级部门及时进行确认，并做好工作。另一方面，建设全国统一的教育电子信息网络平台。② 充分运用计算机技术，及时上传测评材料，将综合素质评价活动贯穿于教育与教学全过程中。在实施综合素质评价主轴任务的基础上，使过程性评价与结果性测评有机地结合、定

① 王润，周先进．高中生综合素质评价监督机制的构建：基于新一轮高考改革的思考［J］．教育理论与实践，2015，35（26）：9－11.

② 夏于权．高中生综合素质评价监督机制的构建［J］．科学咨询（科技·管理），2017（5）：145.

量评价联合定性评价、共性评价联动个性评价，以充分体现学生间的个性差异和个性发展要求，有效推动学生综合素养的培养与完善。

建立完善的综合素质评价信息公开机制，将信息评判过程和结果公开化、透明化，有利于综合素质评价领导机构、组织管理机构对综合素质评价实施情况的监督调控；有利于不同高中学校之间的对比，促进其课程与教学层面的不断改革；有利于学生了解自身某一方面的不足，激励学生有意识地规划未来，促进其综合素质的全面发展。

五、构建有利于社会理解的诚信文化

无论多么完备的制度或者机制，都是由人来实施与完成的。人是社会的人，每一个人不可能独立于群体而单独存在。因此，高中生综合素质评价监督调控能够顺利运行，还要靠诚信文化加以保障。要构建诚信文化，首先，要加大对整个社会群体，特别是综合素质评价领导机构、组织管理机构和执行机构工作人员，以及教师、学生、家长等利益相关者的法制宣传教育力度，从而提升这一关键群体在综合素质评价工作开展过程中的自律品质。其次，加强诚信教育，肃清综合素质评价顺利实施的外部阻力。具体途径包括：培育老师和学生良好的诚信人生观；开展关于诚信人生观的校本课程；定期举办诚信教育主题活动；树立向校园乃至社区反映诚信正能量的良好榜样；在进行综合素养考核时，与评价主体和考评对象签订社会诚信责任书。最后，大力宣传，促使公众认识到综合素质评价的重要价值与意义，增强整个社会对高中生综合素质评价的认可度，为综合素质评价改革留出必要的空间，使公众带着宽容的态度来面对改革。

六、确保综合素质评价监督机制的公平、公正

教育决策者应当制定科学合理的评价制度，包括：如何实施监督，规定督导的日期、频次及出现问题后的解决方法；注重评价的主要目的，完善队伍建设，以增强综合素质评价的可信度；形成公开、完善的综合素质评价制度与监督机制，使其所作出的评价公平、公正。

完善评价章程是高效开展综合素养评价工作的前提条件与依据，是避

免综合素养评价与高考挂钩滞后化、僵硬化的有效手段。章程应包括：第一，明确教育行政机关在教育活动中的重要作用，确定综合素养考核的指导思想，力求培育“完美”的人。第二，明确和规范教育主管部门的职责和任务。在这方面，应具体到个人，使每个督学都有事可做、有法可依、有法必依。第三，要改变传统的监督模式。完善监督内容，加大监督力量，增强监督效果，具体措施要在监督条例中确定。因为监督条例一经产生，即表明教育价值观念、思维模式、规范的内容及形成的权威和导向力，政府部门和教育管理机关应当高度重视，做好宏观干预与控制。第四，制定完善的奖惩制度。对综合素质测评活动开展得好的地方，政府有关部门应当给予表彰并树立典型；对在综合素质测评中“有意识地触犯法律”造成刑事犯罪的情况，由裁判机构依法追究刑事责任。为了保障综合素质评价过程的公正与公平，防止综合素质评价实践中的逻辑紊乱与对考试制度改革的异化，要有效发挥并切实落实对综合素质评价的监督作用，这是当前有效衔接综合素质评价和高校招生的最有效支点与必由之路。